TECNOLOGIA
versus
HUMANIDADE

O confronto futuro
entre a Máquina e o Homem

Gerd Leonhard

www.techvshuman.com

Este livro é dedicado à minha querida esposa, Angelica Feldmann, que me ensinou muita coisa sobre humanidade, suportando pacientemente a minha ausência enquanto o escrevia, fazendo críticas honestas e necessárias e apoiando-me ao longo deste percurso. Sem ti, este livro não existiria.

Título original
TECHNOLOGY vs. HUMANITY
The coming clash between man and machine

Tradução : Florbela Marques
Revisão científica : Carlos Fiolhais
Revisão de texto : Maria de Fátima Carmo

Primeira publicação no Reino Unido e Estados Unidos da América pela Fast Future Publishing Ltd 2016

Reservados os direitos (sem Portugal) por
The Futures Agency GmbH, Zurique, Suíça
books@thefuturesagency.com
www.techvshuman.com

Reservados os direitos para Portugal por
Gradiva Publicações, Lisboa, Portugal
geral@gradiva.mail.pt
www.grafica.pt

Copyright © 2018 The Futures Agency / Gerd Leonhard

ISBN 978-1725960350

Todos os direitos reservados. Nenhuma parte deste livro pode ser reproduzida em qualquer formato ou por qualquer meio, eletrónico ou mecânico, incluindo fotocópia, gravação ou sistema de armazenamento e recuperação de informações, sem a autorização por escrito do autor.

Diretor artístico : Jean-François Cardella
Composição tipográfica : Gabriele Ruttloff-Bauer

Capa do livro : www.angellondon.co.uk

Índice

Introdução 1
Capítulo 1
Um prólogo para o futuro 9
Capítulo 2
Tecnologia versus nós..26
Capítulo 3
As megamudanças 44
Capítulo 4
Automatizando a sociedade 62
Capítulo 5
A Internet das Coisas não humanas 84
Capítulo 6
De bestial a besta: a dependência digital 90
Capítulo 7
Obesidade digital: a última pandemia 121
Capítulo 8
Precaução versus proactividade............................131
Capítulo 9
Felicidade: retirar o acaso da equação 136
Capítulo 10
Ética digital..161
Capítulo 11
Terra 2030: paraíso ou inferno?............................178
Capítulo 12
Hora de decidir 190
Agradecimentos 201
Recursos..203
Referências 206

Introdução

Como poderá a humanidade prevalecer face à exponencial e omnipresente evolução tecnológica?

O nosso mundo está a entrar num período de alterações profundas em que muitos de nós seremos surpreendidos pela dimensão e velocidade de acontecimentos que simplesmente não previmos. Estes avanços tecnológicos exponenciais oferecem um enorme potencial. Com as novas oportunidades surgem enormes novas responsabilidades.

O maior desafio da Humanidade

Creio que a dimensão da mudança causada por recentes e inesperados acontecimentos como o Brexit (a saída da Grã-Bretanha da União Europeia) será insignificante quando comparada com o impacto de uma avalanche de mudanças tecnológicas que poderá reformular a própria essência da Humanidade e da vida no nosso planeta.

No passado, cada mudança radical da sociedade humana foi impulsionada principalmente por um factor-chave de mudança. Desde a madeira, a pedra, o bronze e o ferro, ao comboio, à electricidade, à automatização industrial e à internet. No entanto, hoje confrontamo-nos com uma série de megamudanças potenciadas pela ciência e tecnologia que irão redesenhar não só o comércio, a cultura e a sociedade, mas também a nossa biologia e a nossa ética.

Um manifesto para a promoção da prosperidade humana

Deixem-me explicar melhor: *Tecnologia* versus *Humanidade* não é nem uma celebração da rápida escalada da revolução tecnológica nem um lamento sobre a queda da civilização. Se é fã de cinema como eu, já teve provavelmente a sua dose de visões utópicas e avisos distópicos vindos de Hollywood. O futuro não pode ser criado com base num optimismo cego ou num medo paralisante. O meu objectivo com este livro é ampliar e acelerar o debate sobre como garantir que orientamos, aproveitamos e controlamos os desenvolvimentos da ciência e da tecnologia para que cumpram o seu primeiro objectivo, ou seja, servir a Humanidade e promover a prosperidade humana. A minha ambição é levar a discussão para além dos domínios dos tecnólogos exuberantes, académicos sérios e analistas atenciosos e expressar um conjunto de preocupações que estão longe de ser abordadas ou mesmo reconhecidas pela população em geral. Como futurologista, e cada vez mais como alguém que vive «aqui e agora», também espero dar presença real e urgência a um futuro que para muitos parece incompreensível e indigno de atenção.

Como tal, este livro foi deliberadamente concebido para desencadear um debate apaixonado sobre o que considero ser o tema mais importante do mundo. Considero que o meu papel é abrir e catalisar o debate, e daí ter decidido redigir um manifesto enérgico, em vez de um plano ou manual de instruções. Para ajudar a estimular e promover essa reflexão, debruçar-me-ei sobre os tópicos deste livro nas minhas próximas palestras, contribuições *on-line* e vídeos.

Só porque podemos, não quer dizer que devamos

Temos de nos afastar de um debate conduzido por peritos sobre o que é possível e o modo de o alcançar. Em vez disso, penso que temos de começar a analisar mais seriamente o papel que, de acordo com a nossa vontade, estas tecnologias transformadoras vão desempenhar ao serviço da Humanidade: só porque podemos,

INTRODUÇÃO

não quer dizer que devamos.

Para ajudar nessa análise, defini aquilo que considero serem as forças motrizes da mudança, apresentando uma avaliação dos seus potenciais impactos e implicações. Realcei inúmeras questões fundamentais suscitadas pelo acelerado, e em muitos casos vertiginoso, ritmo de desenvolvimento que se faz sentir transversalmente em vários campos da ciência e da tecnologia.

Defendo que devemos colocar a nossa felicidade e o bem-estar no centro dos processos de tomada de decisão e de governação que irão moldar investimentos futuros em matérias de investigação científica e tecnológica, desenvolvimento e comercialização, uma vez que, em última análise, a tecnologia não é o que procuramos, mas o modo como procuramos.

Depois, apresento diferentes cenários possíveis consoante o rumo que imprimirmos ao desenvolvimento no futuro. Concluo com um conjunto de ideias preliminares como pontapé de saída para o debate sobre a escolha do melhor caminho para a Humanidade e sobre a tomada de boas decisões enquanto o percorremos.

Para abrir esta conversa ambiciosa e ajudar a orientar a discussão, estruturei o meu pensamento em doze capítulos-chave:

Capítulo 1: Um prólogo para o futuro — A meio da segunda década do século, encontramo-nos num ponto de viragem crítico da evolução tecnológica, um momento em que a mudança não se tornará apenas combinatória e exponencial como inevitável e irreversível. Neste capítulo, defendo que agora é a nossa última oportunidade de questionar a natureza destes desafios futuros, desde a inteligência artificial à edição do genoma humano. A chave será atingir um equilíbrio.

Capítulo 2: Tecnologia versus nós — Neste capítulo, explico por que razão a tecnologia pode cada vez mais simular-nos e mesmo substituir-nos, mas nunca poderá tornar-se em nós ou ser nós. A tecnologia não tem qualquer ética, pelo que a sua intrusão iminente na vida privada e nos processos biológicos deve ser negociada como uma prioridade a nível cívico e empresarial. Analiso ainda a natureza da ética como um significante e diferenciador humano, que transcende diferenças religiosas e culturais.

Capítulo 3: As megamudanças — A transformação digital tem sido considerada a mudança de paradigma *do dia* nas empresas privadas e no sector público, quando, na verdade, é apenas uma das dez megamudanças que irá interagir e alterar a face da vida humana para sempre. Exploro estas megamudanças desde a mobilização e automatização à robotização. Não se trata de processos evolutivos lentos aos quais tenhamos tempo de nos adaptar e de integrar. Não. Esses processos irão desencadear um maremoto de rupturas e mudanças, potencialmente equivalente a uma extinção em massa da actual infra-estrutura global de comércio.

Capítulo 4: Automatizando a sociedade — Este capítulo desafia o mito generalizado e enganador de que a automatização só irá afectar operários ou administrativos. A próxima vaga de automação irá muito além da fábrica ou infra-estrutura pública, atingindo processos biológicos humanos como o envelhecimento ou até mesmo o nascimento. Habituados como estamos a alterações sociais progressivas provocadas por ondas de mudança anteriores, havendo muitas vezes décadas para nos ajustarmos e reagirmos, pergunto se nós, como tribo, estaremos prontos para abdicar da soberania humana em favor das forças anónimas da tecnologia? Estará o leitor ou a leitora preparado/a para a maior perda de livre-arbítrio e controlo humano individual da História?

Capítulo 5: A Internet das Coisas não humanas — Este capítulo explora os potenciais desafios colocados pela chamada «Internet das Coisas»: a narrativa actual dominante no seio da transformação digital e que influencia milhares de estratégias empresariais. Já parámos para pensar na diferença entre algoritmos e aquilo que faz de nós essencialmente humanos, aquilo a que chamo *andrórritmos?* Será que a Internet das Coisas não humanas, gradualmente e depois subitamente, não vai implicar a renúncia à nossa humanidade, tornando-nos cada vez mais mecanicistas apenas para continuarmos a ser relevantes? À medida que a informática se torna móvel, depois portátil e em breve ingerível ou implantável, sacrificaremos a nossa vantagem planetária distintiva como espécie por uma dose digital adulterada?

Capítulo 6: De bestial a besta: a dependência digital — Aqui, reflicto sobre o modo como o nosso romance com a tecnologia descreve uma curva previsível de bestial a besta, até se tornar tóxico. Enquanto vamos experienciando a vida como uma sequência de encontros cada vez mais mediada e processada, podemos pensar que estamos a divertir-nos, mas, na realidade, são simplesmente as nossas hormonas a fazer uma ligação directa ao nosso cérebro (e as hormonas são um alvo cada vez mais apetecido das simpáticas tecnologias). No nosso delírio de eterna lua-de-mel que é o progresso tecnológico, devíamos lembrar-nos da ressaca — o preço a pagar amanhã e para sempre.

Capítulo 7: Obesidade digital: a última pandemia — Este capítulo analisa o modo como a obesidade digital — embora não tão conhecida como a obesidade física —, está a assumir rapidamente contornos de uma pandemia de proporções sem precedentes. À medida que chafurdamos e nos empanturramos numa fartura de notícias, actualizações e informações algoritmicamente manipuladas, distraímo-nos também numa bolha tecnológica insuflada de entretenimento questionável. Tendo em conta os próximos maremotos de novas tecnologias e plataformas de participação digital, é altura de pensar na nutrição digital como pensamos na nutrição corporal.

Capítulo 8: Precaução versus proactividade — Este capítulo apresenta o argumento de que o futuro mais seguro, e ainda o mais promissor, é aquele em que não adiamos a inovação, mas também não ignoramos os riscos enormes que esta envolve actualmente, passando-a a outros como se o problema não fosse *nosso*. A factura passou já para a próxima geração, pois as novas apostas da tecnologia de hoje não podem ser adiadas e qualquer cenário negativo será imediato e numa escala sem precedentes. Aqui, argumento que a precaução e a proactividade, os dois princípios frequentemente aplicados até à data, são insuficientes para lidar com um cenário combinatório e exponencial onde esperar será tão perigoso como desatar a correr. O transumanismo, com a sua precipitação de lémingue em direcção ao desconhecido, representa a opção mais assustadora de todas.

Capítulo 9: Felicidade: retirar o acaso da equação — O dinheiro fala mais alto, mas a felicidade continua a ser o mais importante. A felicidade não só é considerada o derradeiro objectivo da existência humana em múltiplas filosofias e culturas como também continua a ser um factor evasivo, resistente à medição exacta ou à replicação tecnológica. Como podemos proteger as mais profundas formas de felicidade como a empatia, a compaixão ou a consciência quando as grandes empresas tecnológicas simulam doses rápidas de prazer hedonístico? A felicidade é também acaso, sorte. Mas como vamos usar a tecnologia para limitar os riscos da vida humana preservando simultaneamente o seu mistério e espontaneidade?

Capítulo 10: Ética digital — Neste capítulo, defendo que a ética digital acabará por se transformar numa questão quente e impossível de negligenciar para todos os indivíduos e organizações, à medida que a tecnologia vai permeando todos os aspectos da vida e da actividade humanas. Actualmente não temos sequer uma língua global comum para discutir o problema, quanto mais consenso sobre direitos e responsabilidades. A

INTRODUÇÃO

sustentabilidade ambiental é muitas vezes preterida pelas economias em desenvolvimento como um problema do «primeiro mundo» e é sempre relegada para segundo plano durante as crises económicas. Pelo contrário, a ética digital imporá o seu ritmo até alcançar uma posição permanente na linha da frente e no centro da nossa vida política e económica. Está na hora de termos uma conversa ética sobre a tecnologia digital, uma ameaça potencialmente maior à continuidade da prosperidade humana do que a proliferação nuclear.

Capítulo 11: Terra 2030: paraíso ou inferno? — À medida que avançamos de forma imaginativa para o futuro a curto e médio prazos, podemos facilmente visualizar algumas das mudanças gigantescas que alterarão radicalmente o trabalho e a vida. E essas são exploradas neste capítulo. Muitas destas mudanças sísmicas são bem-vindas *per se,* como trabalhar por paixão em vez de dinheiro. No entanto, muitos dos privilégios mais básicos que consideramos adquiridos, como a liberdade de escolha como consumidores ou o livre-arbítrio no nosso estilo de vida, poderiam tornar-se ecos do que já existiu ou reserva exclusiva de indivíduos com uma gigantesca fortuna pessoal. Paraíso ou inferno? Faça a sua escolha, mas faça-a agora.

Capítulo 12: Hora de decidir — Neste capítulo final, argumento que é altura de adoptar a tecnologia. Não a própria aplicação da tecnologia, mas uma integração mais profunda e uma delimitação da tecnologia na vida humana. As inúmeras questões éticas, económicas, sociais e biológicas simplesmente não vão esperar por mais um fórum ou pela próxima geração. Está na altura de regulamentar a aplicação em massa da tecnologia à semelhança do que faríamos com qualquer outra força de transformação como, por exemplo, a energia nuclear. Não se trata da conclusão de um diálogo prolífero, mas do início de um discurso que tem de se tornar dominante nos nossos meios de comunicação social, nas nossas escolas, nos nossos governos e, de forma mais imediata, nos nossos conselhos de administração. O tempo dos tecnólogos e tecnocratas chutarem a bola da ética para outra pessoa já passou.

    Espero que este livro o inspire a reflectir sobre os desafios que enfrentamos e convido-o a contribuir para esta conversa tornando-se membro da comunidade techvshuman/TVH em www.techvshuman.com.

Gerd Leonhard
Zurique, Suíça
Agosto de 2016

Capítulo 1
Um prólogo para o futuro

A Humanidade vai mudar mais nos próximos vinte anos do que nos últimos trezentos anos.

Os seres humanos têm o hábito de extrapolar o futuro a partir do presente, ou do passado. Supõe-se que o que funcionou até agora, de uma qualquer forma ligeiramente melhorada, funcionará no futuro. Mas a nova realidade é que, devido ao maior impacto da evolução tecnológica exponencial e combinatória, é muito pouco provável que o futuro seja uma extensão do presente. Pelo contrário, o mais certo é que este seja absolutamente diferente, pois os pressupostos e a lógica subjacente mudaram.

Por conseguinte, no meu trabalho como futurologista tento intuir, imaginar e imergir num futuro próximo (daqui a cinco a oito anos), apresentar visões desse mundo, e depois regresso ao presente a partir do futuro, e não em direcção a este.

Começando com um relatório desse futuro próximo, este livro explora depois os desafios e estabelece um manifesto, um apelo apaixonante para parar e pensar antes de sermos arrastados pelo vórtice mágico da tecnologia, acabando essencialmente menos humanos do que já somos. É uma boa altura para lembrar que o futuro não apenas acontece: é criado por nós todos os dias e seremos nós os responsáveis pelas decisões que tomamos neste momento.

Um ponto de inflexão histórico

Sinto que estamos a viver um dos momentos mais entusiasmantes da história da Humanidade e, em geral, sou muito optimista em relação ao futuro. No entanto, precisamos definitivamente de definir e praticar uma abordagem mais holística à governação da tecnologia para salvaguardar a própria essência do que significa ser humano.

Estamos no ponto de inflexão de uma curva exponencial em muitas áreas da ciência e da tecnologia (C&T), um ponto onde a duplicação de recursos de cada período para o próximo está a tornar-se cada vez mais significativa.

A Lei de Moore está no cerne da história da mudança exponencial, um conceito que surgiu na década de setenta e que, de forma resumida, indica que a velocidade de processamento (isto é, a quantidade de capacidade computacional num *chip*) num computador que podemos comprar por 900 euros duplica a cada 18 a 24 meses, aproximadamente[1].

Este ritmo exponencial do desenvolvimento é agora evidente em domínios tão diversos como a aprendizagem profunda, a genética, as ciências dos materiais ou a indústria transformadora. O tempo necessário para cada etapa de desempenho exponencial também está a diminuir em muitas áreas, impulsionando o potencial de mudanças fundamentais em todas as actividades do planeta. De um ponto de vista prático, passámos já a fase da curva em que era difícil aferir se algo estava a acontecer, ou seja, já não passamos gradualmente de 0,01 para 0,02 ou de 0,04 para 0,08.

Felizmente, ainda não nos encontramos no ponto em que essas duplicações são tão grandes que os resultados ultrapassam a nossa compreensão e inibem a nossa capacidade de agir. Vendo as coisas como elas são, considero que nos situamos num nível de desempenho relativo de cerca de quatro na maior parte das áreas e que a próxima etapa exponencial levar-nos-á até oito, em vez de um aumento linear para cinco! Este é o momento em que os crescimentos exponenciais começam realmente a fazer diferença e a tecnologia está agora a provocar mudanças exponenciais em todos os sectores da nossa sociedade, desde a energia, os transportes, as comunicações e os meios de comunicação social, até à medicina, saúde, alimentação e energia.

Vejamos as recentes mudanças na indústria automóvel. Nos últimos sete anos passámos de carros eléctricos com um alcance de menos de 80 km aos últimos *Tesla* e *BMWi8* a prometerem mais de 480 km com um único carregamento[2, 3]. Passámos também de meia dúzia de locais de carregamento para o facto espantoso de a cidade de Nova Iorque ter já mais postos de carregamento de Veículos Eléctricos (VE) do que bombas de gasolina[4]. Quase todos os meses assistimos a um novo avanço na eficiência da bateria, uma limitação que nas últimas décadas tem sido um dos maiores obstáculos para a adopção maciça dos veículos eléctricos. Em breve, só precisaremos de carregar os nossos carros eléctricos uma vez por semana, depois uma vez por mês, até, finalmente, uma vez por ano, sendo provável que, depois disso, muito poucas pessoas continuem interessadas em enormes carros de luxo com bons velhos motores a gasolina!

Observemos a diminuição ainda mais dramática do custo da sequenciação do genoma humano, com o preço a cair de nove milhões de dólares em 2008 para os actuais 700[5]. Imagine o que poderá acontecer quando existirem supercomputadores exponencialmente mais potentes na nuvem, estando disponíveis para qualquer instituição médica ou laboratório: Em breve, o custo da sequenciação do genoma de uma pessoa deve descer rapidamente abaixo dos 44 dólares[6].

A seguir, imagine os perfis de genomas de cerca de dois mil milhões de pessoas carregados numa nuvem segura (anonimizados, espero eu!) para serem utilizados em trabalho de investigação, desenvolvimento e análise [muito do qual realizado por inteligência artificial (IA)] e a serem executados nesses supercomputadores. As possibilidades científicas que isso desencadeará não se assemelharão a nada do que já imaginámos, acarretando, simultaneamente, enormes desafios éticos: um aumento dramático da longevidade para aqueles que podem pagar, a capacidade de reprogramar o genoma humano e, potencialmente, o fim do envelhecimento ou até mesmo da morte. Será que os ricos vão viver para sempre enquanto os pobres continuarão sem poder comprar sequer comprimidos para a malária?

Esta evolução exponencial sugere que continuar a imaginar o futuro de uma forma linear conduzirá provavelmente a suposições catastroficamente erradas sobre a dimensão, velocidade e potenciais impactos da mudança. Essa pode ser uma das razões por que tantas pessoas parecem não compreender as preocupações crescentes a respeito do triunfo da tecnologia sobre a Humanidade. Parece tudo tão distante e inofensivo, por agora, porque estamos apenas no nível quatro dessa curva. Questões como a crescente perda de privacidade, o desemprego tecnológico ou a desqualificação humana ainda não são suficientemente óbvias para a maior parte de nós, mas é algo que tenderá a mudar muito rapidamente.

Também é importante perceber que as maiores alterações serão causadas pela inovação combinatória, ou seja, pela exploração simultânea de diversas megamudanças e elementos de ruptura. Por exemplo, no capítulo 3, discutiremos como cada vez mais empresas combinam grandes dados com a Internet das Coisas (IdC) e ainda com IA, a mobilidade e a nuvem para criar novas ofertas extremamente disruptivas.

Basta dizer que nada nem ninguém sairá incólume das mudanças que nos esperam, quer sejam percebidas com boa vontade, ignorando ou negligenciando as suas consequências involuntárias, quer com más intenções. Por um lado, avanços tecnológicos inimagináveis podem melhorar drasticamente as nossas vidas e encorajar em grande medida o florescimento humano (ver capítulo 9). Por outro, é muito provável que algumas destas mudanças tecnológicas exponenciais ameacem o próprio tecido da sociedade, acabando por desafiar a nossa própria humanidade.

1 : UM PRÓLOGO PARA O FUTURO

Em 1993, Vernor Vinge, cientista informático e famoso autor de ficção, escreveu:

Daqui a trinta anos teremos os meios tecnológicos para criar inteligência sobre-humana. Será o fim da era humana. É possível evitar esse progresso? Se não for possível evitá-lo, poderemos controlar os acontecimentos, a fim de sobreviver?[7]

Bem-vindos ao inferno-paraíso!

É cada vez mais evidente que o futuro das relações Homem-máquina depende em grande medida do sistema económico que as cria. Estamos perante aquilo a que costumo chamar desafios de inferno-paraíso (*HellVen,* uma composição de palavras com «inferno» [*hell*] e «paraíso» [*heaven*]) (#hellven). Dirigimo-nos a uma velocidade superluminal para um mundo semelhante ao Nirvana, onde não teremos de trabalhar para ganhar a vida, onde a maior parte dos problemas serão resolvidos pela tecnologia e onde gozaremos de uma espécie de abundância universal (chamada por vezes economia *Star Trek*)[8].

Contudo, o futuro também pode inaugurar uma sociedade distópica, orquestrada e supervisionada por supercomputadores, *bots* em rede e agentes de *software* superinteligentes — máquinas e algoritmos, ciborgues e robôs — ou, melhor, pelos seus proprietários. Um mundo onde os humanos não aumentados poderão ser tolerados como animais de estimação ou como um mal necessário, na melhor das hipóteses, ou, na pior, escravizados por uma cabala de deuses ciborgues; uma sociedade sombria desqualificada, dessensibilizada, desincorporada e completamente desumanizada.

«Poderemos viver e testemunhar horrores incompreensíveis cometidos pelo homem.» — NIKOLA TESLA[9]

Será esta uma perspectiva paranóica?

Vejamos o que alguns de nós já observamos nas nossas vidas diárias: as ubíquas e acessíveis tecnologias digitais já nos permitem externalizar o nosso pensamento, as nossas decisões e as nossas memórias para dispositivos móveis cada vez mais baratos e nuvens inteligentes. Estes «cérebros externos» estão a transmutar-se rapidamente de *conhece-me* para *representa-me* e para *sê eu*. Com efeito, estão a começar a ser uma cópia digital de nós. E se essa ideia ainda não o assusta, imagine o poder deste cérebro externo ampliado cem vezes nos próximos cinco anos.

A viajar numa cidade desconhecida? Impossível sem o Google Maps. Não conseguem decidir onde jantar hoje à noite? O TripAdvisor sugere. Sem tempo para responder aos *e-mails*? O novo assistente inteligente do Gmail responde[10].

No que diz respeito à convergência Homem-máquina, não estamos propriamente na fase em que ficamos em casa enquanto as nossas cópias ciborgues vivem as nossas vidas, como no filme com Bruce Willis *Os Substitutos* (2009)[11]. Nem podemos ainda comprar humanóides sintéticos que realizam uma série de tarefas e fazem companhia como na série de televisão de 2005, da AMC, *Humans*[12]. Mas não estamos assim tão longe.

Neste livro, explico por que razão considero o cenário distópico pouco provável. Ao mesmo tempo, argumentarei que nos confrontamos neste momento com escolhas fundamentais no que respeita a decidir e planear em que medida permitiremos que a tecnologia tenha impacto e molde a nossa vida, a vida dos nossos entes queridos e a vida das gerações futuras. Alguns eruditos dirão que a fase em que poderíamos evitar tais alterações já passou e que esta é apenas a próxima etapa da nossa evolução «natural». Discordo veementemente e explicarei como penso que os seres humanos podem sair vencedores deste futuro confronto entre Homem e máquina.

1 : UM PRÓLOGO PARA O FUTURO

A tecnologia e a Humanidade estão a convergir e encontramo-nos num ponto de viragem

Quando comecei a escrever este livro e a tecer os temas nas minhas apresentações, ressaltaram três palavras importantes: exponencial, combinatório e recursivo.

1. Exponencial. A tecnologia está a evoluir exponencialmente. Apesar de as leis fundamentais da física poderem impedir que os *microchips* fiquem significativamente mais pequenos do que já são, o progresso tecnológico em geral continua na senda da Lei de Moore[13]. A curva de desempenho continua a crescer exponencialmente e não de forma gradual ou linear mais compreensível e previsível pelo ser humano. Isto representa um enorme desafio cognitivo para nós: a tecnologia cresce exponencialmente, enquanto os humanos (espero) permanecem lineares.

2. Combinatório. Os avanços tecnológicos estão a ser combinados e integrados. Avanços radicais como a inteligência das máquinas e a aprendizagem profunda, a IdC e a edição do genoma humano começam a intersectar-se e a completar-se. Já não são aplicados apenas em domínios específicos. Em vez disso, estão a provocar ondas em inúmeros sectores. Por exemplo, tecnologias avançadas de edição do genoma humano como o CRISPR-Cas9 poderão ajudar-nos a combater o cancro e aumentar drasticamente a longevidade[14]. Estamos a falar de desenvolvimentos que inverteriam toda a lógica dos cuidados de saúde, da segurança social, do emprego e até do próprio capitalismo.

3. Recursivo. Tecnologias como a IA, a computação cognitiva e a aprendizagem profunda poderão conduzir a melhorias recursivas (ou seja, que se amplificariam a si mesmas). Por exemplo, hoje em dia já temos os primeiros exemplos de robôs que conseguem reprogramar-se ou actualizar-se ou controlar a

15

rede eléctrica que os mantém vivos, conduzindo potencialmente ao que já foi chamado «explosão de inteligência». Alguns, como o professor de Oxford Nick Bostrom, acreditam que tal pode provocar a emergência da superinteligência, os sistemas de inteligência artificial (IA) que um dia poderão aprender e pensar mais depressa do que os humanos em quase todos os aspectos[15]. Se conseguimos conceber IA com um QI de 500, porque não construir outras com um QI de 50 000, e o que aconteceria se o fizéssemos?

Felizmente, a superinteligência recursiva ainda não está no nosso horizonte imediato. No entanto, mesmo sem esses desafios, debatemo-nos já com a rápida escalada do acompanhamento constante das nossas vidas digitais, da vigilância por defeito, da diminuição da privacidade, da perda do anonimato, do roubo da identidade digital, da segurança de dados e muito mais. É por esse motivo que estou convencido de que o trabalho de fundo para o futuro da Humanidade, positivo ou distópico, está a ser feito aqui, hoje. Encontramo-nos numa encruzilhada decisiva e temos de agir com maior clarividência, com uma visão mais holística e com uma gestão mais forte, enquanto lançamos tecnologias que podem acabar por ter mais poder sobre nós do que podemos imaginar.

Não podemos continuar a esperar para ver o que acontece se quisermos manter o controlo sobre o nosso destino e sobre os desenvolvimentos que o podem moldar. Pelo contrário, devemos prestar uma atenção ao que significará ser ou permanecer humano no futuro (isto é, o que nos define como humanos) igual à que prestamos ao desenvolvimento de tecnologias infinitamente mais potentes que irão mudar a Humanidade para sempre.

Devemos tomar muito cuidado para não deixar essas decisões apenas aos «mercados livres», aos investidores em capital de risco, aos tecnólogos de empresas ou às organizações militares mais poderosas do mundo. O futuro da Humanidade não deve ser assentar num qualquer paradigma geral da Era Industrial do lucro e crescimento a todo o custo, ou num imperativo tecnológico antiquado que funcionou nos anos oitenta. Nem Silicon Valley nem as nações mais tecnológicas do mundo devem tornar-se o «controlo de missões da Humanidade» só porque a tecnologia gera novos fluxos de receitas e grandes lucros.

Felizmente, penso que ainda estamos num ponto 90/10: 90% das possibilidades incríveis apresentadas pela tecnologia poderão representar um cenário positivo para a Humanidade, enquanto 10% podem ser problemáticas ou negativas. Conseguir manter esse equilíbrio ou aumentá-lo para 98/2 justificaria todos os esforços. Simultaneamente, esses inquietantes 10% (mesmo se involuntários, neste momento) podem aumentar rapidamente para 50%, ou mais, se não chegarmos a um acordo sobre como queremos exactamente que estas tecnologias sirvam a Humanidade. Não estamos claramente bem posicionados para «avançar e ver o que acontece».

A inteligência artificial e a edição do genoma humano são os dois principais agentes de mudança

A primeira maior força no domínio das tecnologias exponenciais é a IA, definida simplesmente como a criação de máquinas (*software* ou robôs) inteligentes e capazes de auto-aprendizagem, ou seja, máquinas de pensar mais parecidas com os humanos. Prevê-se que a capacidade da IA cresça duas vezes mais rapidamente do que todas as outras tecnologias, ultrapassando a Lei de Moore e o crescimento da capacidade computacional em geral[16].

«O maior perigo da inteligência artificial é, de longe, as pessoas concluírem demasiado cedo que a compreendem.»
— ELIEZER YUDKOWSKY[17]

O companheiro de mudança da IA é a engenharia do genoma humano: alterar o ADN para acabar com algumas doenças, se não todas, reprogramar os nossos corpos e possivelmente acabar mesmo com a morte. Com efeito, a IA será um facilitador crucial dessa reprogramação.

Estes dois agentes de mudança e os seus vizinhos científicos terão um enorme impacto no que os humanos poderão ser em menos de 20 anos. Neste livro, por questões de brevidade, darei particular atenção à IA e à aprendizagem profunda dada a sua relevância imediata para o nosso futuro e o seu papel facilitador no desenvolvimento doutros «agentes de mudança», como a edição do genoma humano, a nanotecnologia ou as ciências dos materiais.

Tornar-nos deuses?

O Dr. Ray Kurzweil, actualmente director de engenharia da Google, é uma grande influência no pensamento futurologista em geral e na minha própria obra, mas também alguém cujas opiniões sinto o dever de desafiar neste livro. Kurzweil prevê que os computadores ultrapassem a capacidade computacional de um cérebro humano em 2025 e que um único computador possa igualar a capacidade de todos os cérebros humanos juntos por volta de 2050[18].

Kurzweil sugere que estes avanços correspondem ao advento da chamada Singularidade, o momento em que os computadores finalmente levam a melhor e depois superam os cérebros humanos em capacidade computacional. Será o momento em que a inteligência humana poderá tornar-se cada vez mais não biológica, quando for possível às máquinas ir além da sua programação original de uma forma independente e muito provavelmente recursiva: um momento decisivo na história da Humanidade.

Ray Kurzweil disse à sua audiência na Universidade da Singularidade em finais de 2015:

À medida que evoluímos, ficamos mais próximos de Deus. A evolução é um processo espiritual. Existe beleza e amor e criatividade e inteligência no mundo. E vem tudo do neocórtex. Por isso vamos expandir o neocórtex do cérebro e ficar mais parecidos com Deus.[19]

Também acredito que o momento em que os computadores terão a mesma capacidade do cérebro humano não está longe, mas, com Deus ou sem Deus, ao contrário do Dr. Kurzweil, não penso que devamos desistir tão facilmente da nossa humanidade em troca da possibilidade de alcançar inteligência não biológica ilimitada. Parece-me um mau negócio, como mudar para uma versão anterior em vez de fazer uma actualização para uma versão melhor, e neste livro explicarei por que razão acredito veementemente que não devemos ir por aí.

No momento em que escrevo, em 2016, os computadores simplesmente não têm a capacidade prevista pela visão de Kurzweil. Creio que os *chips* ainda são demasiado grandes, as redes ainda não têm a velocidade necessária e a rede eléctrica não consegue pura e simplesmente suportar máquinas com essa potência. Obviamente, trata-se de obstáculos temporários: todos os dias ouvimos notícias de grandes avanços científicos e há com certeza inúmeras descobertas não publicitadas a acontecer em laboratórios secretos em todo o mundo.

Temos de estar prontos para a Singularidade: abertos, mas críticos; científicos, mas humanistas; aventureiros e curiosos, mas cautelosos; e empreendedores, mas munidos de um espírito colectivo.

A ficção científica está a tornar-se realidade científica

Muito em breve, as máquinas serão capazes de fazer coisas que antes pertenciam ao domínio exclusivo dos trabalhadores humanos, de operários a administrativos, como a compreensão da linguagem, o reconhecimento de imagens complexas ou a utilização do nosso corpo de forma altamente flexível e adaptável. Nesse futuro próximo, estaremos, sem qualquer dúvida, totalmente dependentes das máquinas em todos os aspectos da nossa vida. Muito provavelmente, assistiremos também a uma rápida fusão entre Homem e máquina através de novos tipos de interfaces como a realidade aumentada (RA), a realidade virtual (RV), hologramas, implantes, interfaces cérebro-computador (ICC) e partes do corpo manipuladas com nanotecnologia e biologia sintética.

Se e quando coisas como nanorrobôs na nossa corrente sanguínea ou implantes de comunicações nos nossos cérebros forem possíveis, quem decidirá o que é humano? Se (como gosto de dizer) a tecnologia não tem (e provavelmente não deveria ter) ética, o que acontecerá às nossas normas, aos contratos sociais, aos valores e à moral quando as máquinas fizerem tudo por nós?

Num futuro previsível, apesar dos argumentos dos evangelistas da IA, penso que a inteligência das máquinas não incluirá inteligência emocional ou preocupações éticas, porque as máquinas não são seres — são duplicadores e simuladores. No entanto, acabarão por conseguir ler, analisar e possivelmente compreender os nossos sistemas de valores, os contratos sociais, a ética e as crenças. Mas nunca conseguirão existir no mundo, ou ser parte do mundo, como nós (aquilo a que os filósofos alemães chamam *Dasein*).

Mas, independentemente disso, viveremos num mundo onde os dados e algoritmos triunfam sobre o que eu chamo «andrórritmos», tudo aquilo que faz de nós humanos? (Mais à frente definirei o que é para mim um andrórritmo.)

Novamente, as duplicações sucessivas de 4 para 8 para 16 para 32 representam um impacto consideravelmente diferente do que de 0,1 para 0,8. Este é um dos desafios mais duros que temos de enfrentar: temos de imaginar um amanhã exponencialmente diferente e tornar-nos guardiões de um futuro cuja complexidade pode muito bem ultrapassar a nossa compreensão actual. De certo modo, temos de ser exponencialmente imaginativos.

Gradualmente, depois, subitamente

Para mim, esta frase de *O Sol Nasce Sempre (Fiesta)* de Ernest Hemingway descreve na perfeição a natureza da mudança exponencial[20]:

«Como é que foste à falência?»
«De duas maneiras. Primeiro gradualmente; depois, subitamente.»

Quando reflectirmos sobre criar o nosso futuro, é essencial compreender estes dois memes congéneres de exponencialidade e velocidade rapidamente crescente, pois ambos são mensagens centrais neste livro. Veremos, cada vez mais, o tímido início de uma grande oportunidade ou de uma grande ameaça. E depois, de repente, ou desapareceu e foi esquecida ou está aqui e agora, e é muito maior do que imaginámos. Por exemplo, a energia solar, os veículos autónomos, as moedas digitais e a *blockchain* [base de dados das transacções em *bitcoin*]: Todos demoraram bastante tempo a desenvolver-se, mas, de repente, estão aí para ficar. A história diz-nos que aqueles que se adaptam demasiado devagar ou que não prevêem os pontos de viragem sofrerão as consequências.

Muito provavelmente, esperar para ver será o mesmo que esperar para nos tornarmos irrelevantes, ou simplesmente ignorados, antiquados, até definhar. Por isso, precisamos de uma outra estratégia para definir e reter o que nos torna humanos neste mundo rapidamente digitalizado.

Tendo a acreditar que os mercados não vão auto-regular-se e lidar com estas questões com uma «mão invisível». Em vez disso, os mercados livres tradicionalmente orientados para o lucro e crescimento só farão escalar os desafios da Humanidade *versus* tecnologia, já que estas mesmas tecnologias são fonte provável de oportunidades de milhões de milhões de dólares por ano. Substituir qualidades humanas, interacções ou idiossincrasias por tecnologia é uma oportunidade de negócio que simplesmente não pode ser desperdiçada. Por exemplo, Peter Diamandis, membro da administração de uma empresa da Califórnia sugestivamente denominada Longevidade Humana, L.da (Human Longevity Inc.), proclama frequentemente que uma maior longevidade criaria um mercado global de 3,5 milhões de milhões de dólares[21]. O mais provável é que estas novas e irresistíveis fronteiras batam qualquer preocupação menor com o futuro da Humanidade.

Para além do controlo de missões

Em última análise, estamos a falar da sobrevivência e da prosperidade da espécie humana e não acredito que baste termos empresas de capital de risco, mercados bolsistas e o exército a mandar nisto tudo.

Testemunharemos no futuro próximo algumas batalhas duras entre mundividências e paradigmas opostos, com interesses económicos colossais a confrontarem-se, numa espécie de duelo final entre humanistas e transumanistas. Agora que o petróleo e outros combustíveis fósseis estão em declínio como força motriz da política e das preocupações militares, os EUA e a China estão já na frente da corrida ao armamento tecnológico. As novas guerras serão digitais e a batalha pela liderança está a ser travada por agentes de mudança exponenciais como a IA, a modificação do genoma humano, a IdC, a cibersegurança e a guerra digital. A Europa (incluindo, em especial, a Suíça, onde vivo) está metida no meio, embora mais preocupada com o que muitos consideram questões nobres como direitos humanos, felicidade, equilíbrio, ética e bem-estar colectivo sustentável. Como irei explicar, abordar estas preocupações é, na verdade, a nossa grande oportunidade aqui na Europa.

Já há tribos globais de líderes de opinião, empresários em série, cientistas, investidores em capital de risco e uma variedade de gurus da tecnologia (e, sim, também há futurologistas) ocupadíssimos a promover um desvio rápido e voluntário de qualquer tipo de humanismo. Estes progressistas da tecnologia

1 : UM PRÓLOGO PARA O FUTURO

instam-nos a «transcender a humanidade» e a acolher o próximo passo da nossa evolução, que é, claro, fundir biologia com tecnologia, alterar e aumentar as nossas mentes e corpos e tornarmo-nos sobre-humanos, acabando com as doenças (bom) e mesmo com a morte (uma missão sedutora, mas algo bizarra).

O interesse sobre este conceito de transumanismo é crescente e, a meu ver, trata-se de um dos desenvolvimentos mais preocupantes ao longo dos meus quinze anos como futurologista. Francamente, tentar alcançar a felicidade humana transcendendo completamente a humanidade através de meios tecnológicos é uma ideia no mínimo delirante.

Contextualizando, ficam aqui duas posições contrastantes sobre o conceito, como exposto por Zoltan Istvan, defensor do transumanismo e candidato à presidência dos EUA em 2016, e pelo filósofo Jesse I. Bailey:

O protagonista. Istvan escreve no seu romance de 2013, *A Aposta Transumanista (The Transhumanist Wager)*:

> O código audaz do transumanista surgirá. É um facto inegável e inevitável. Está enraizado na natureza não democrática da tecnologia e na nossa própria evolução teleológica. É o futuro. Nós somos o futuro, quer gostem quer não gostem. E esse futuro tem de ser moldado, guiado e manipulado correctamente pela força e sabedoria dos cientistas transumanistas com as suas nações e recursos a apoiá-los, a ajudá-los. Deve ser apoiado de forma a fazermos uma transição bem-sucedida e sem nos sacrificarmos; seja pelo seu poder esmagador, seja pelo medo de explorar esse poder.
>
> Deve colocar os seus recursos ao serviço da tecnologia. No nosso sistema educativo. Nas nossas universidades, indústrias e ideias. Nos mais fortes da nossa sociedade. Nos mais brilhantes da nossa sociedade. Nos melhores da nossa sociedade. Para que possamos alcançar o futuro[22].

O humanista. Contestando esta perspectiva, Bailey escreve na revista *The Journal of Evolution and Technology:*

> Sustento que ao ameaçar acabar com a morte como uma possibilidade fundamental para o *dasein* (existência humana), o transumanismo representa o perigo de esconder a necessidade de desenvolver uma relação livre e autêntica entre a tecnologia, a Verdade e, em última análise, o próprio *Dasein*.
>
> De uma maneira geral, os transumanistas apresentam um de dois argumentos: ou o corpo que habitamos agora poderá viver centenas de anos ou a nossa consciência será descarregada em vários corpos. Qualquer uma destas hipóteses (de forma subtilmente diferente, mas importante) aliena a experiência humana dos aspectos centrais da finitude da encarnação.
>
> Heidegger situa o ser-para-a-morte como central no apelo à autenticidade e distante do sentimento de desnorte no ser-impessoal (para quem o enquadramento tecnológico prevalece). Ao ameaçar a consciência da nossa própria mortalidade, o transumanismo ameaça, portanto, ocluir o apelo à autenticidade, tal como oclui a necessidade da mesma.[23]

É óbvio que o determinismo tecnológico não é solução e que a ideologia dominante de Silicon Valley «Porque é que não inventamos uma saída para isto? Divertíamo-nos à brava e fazíamos montes de dinheiro ao mesmo tempo que melhorávamos a vida de milhares de milhões de pessoas com estas novas tecnologias fantásticas...» poderá revelar-se tão indolente — e perigosa — como o ludismo.

Respeitosamente oposto às perspectivas reducionistas e cartesianas de alguns transumanistas sobre o futuro da Humanidade (ou seja, altamente simplificadas e reduzidas a ver o mundo, e as pessoas, como uma máquina gigantesca), este livro tentará esboçar um pensamento e filosofia da Era Digital que designo muitas vezes de humanismo exponencial. Estou convicto de que poderemos, através desta filosofia, encontrar uma forma equilibrada de seguir em frente que nos permita abraçar a tecnologia sem nos tornarmos nela; usá-la como ferramenta e não como fim.

Para salvaguardar o futuro da Humanidade, devemos investir tanta energia na promoção da Humanidade quanta a que investimos a desenvolver tecnologia. Creio que se queremos um mundo que continue a ser um bom lugar para nós, humanos, vivermos, com todas as nossas imperfeições e ineficiências, devemos investir recursos significativos (monetários e outros) para definir o que poderá implicar um novo tipo de humanismo exponencial. Não chega investir nas tecnologias que prometem tornar-nos sobre-humanos; pois em breve andaremos aos ombros de máquinas cujo funcionamento já nem compreenderemos.

Se não nos tornarmos mais proactivos nestas questões, anteveio uma explosão de inteligência exponencial, desenfreada e descontrolada na robótica, IA, engenharia biológica e genética que conduzirá derradeiramente a um fechar de olhos sistemático aos princípios básicos da existência humana, porque a tecnologia não tem ética. Mas uma sociedade sem ética está condenada.

Esta dicotomia está a surgir em todo o lado: quase tudo pode ser digitalizado, automatizado, virtualizado e provavelmente robotizado; no entanto, há coisas que não deveríamos tentar digitalizar ou automatizar, porque definem o que somos enquanto seres humanos.

Este livro analisa até onde as tecnologias exponenciais e convergentes nos podem levar nos próximos dez anos, sublinha o que está em causa e explora o que podemos fazer sobre esse assunto no momento presente. Independentemente das convicções filosóficas ou religiosas da leitora ou do leitor, o mais provável é concordar que a tecnologia está profundamente presente nas nossas vidas quotidianas e que qualquer progresso exponencial exigirá um novo tipo de reflexão sobre até onde esses avanços nos levam e porquê. No momento em que a tecnologia está literalmente prestes a entrar nos nossos corpos e sistemas biológicos, é tempo de fazermos uma reunião tribal — talvez a reunião mais importante de sempre da tribo humana.

Capítulo 2
Tecnologia *versus* nós

Paremos para pensar na nossa humanidade por uns segundos.

A capacidade cognitiva de um ser humano baseia-se, entre muitas outras coisas, nas suas disposições genéticas e em aproximadamente 100 mil milhões de neurónios do seu cérebro.

Se tudo fosse simultaneamente melhorado pela tecnologia, simplesmente em desempenho e conectividade, em breve seria possível alcançar, de forma muito aproximada, cerca de 100 desvios-padrão de melhorias. Isso daria ao ser humano médio um QI de mais de 1000, em comparação com o intervalo médio entre 70 e 130 que abrange quase 95% da população[24].

É difícil compreender as capacidades que esse nível de inteligência representaria, mas estariam com toda a certeza muito além de algo que já vimos ou que possamos imaginar. A engenharia cognitiva, através da edição directa do ADN humano embrionário, pode acabar por produzir indivíduos cuja capacidade cognitiva exceda o mais admirável dos intelectos humanos em toda a história. É provável que, por volta de 2050, este processo já tenha sido iniciado. Renovar o sistema operativo de uma máquina é uma coisa, mas o que significa reprogramar um ser senciente com memórias e sentido de livre-arbítrio (supondo que em 2050 isso ainda é relevante)?

Comecemos por analisar o que define o ser humano. Inúmeros filósofos debateram-se já com esta questão, mas agora que estamos a chegar ao ponto em que a tecnologia se prepara para nos permitir aumentar, alterar, reprogramar ou mesmo reformular os humanos, este é um tema premente. Muitas vozes da Singularidade e do transumanismo defendem que estamos a dirigir-nos para a fusão de Homem e máquina, de tecnologia e biologia. Excitante ou não, se for realmente o caso, definir a humanidade na Era Digital será ainda mais essencial.

Ética e valores: a essência humana

O desafio fundamental aqui será o facto de que enquanto a tecnologia não sabe o que são ética, normas ou crenças, o funcionamento eficaz de qualquer ser humano e de qualquer sociedade depende inteiramente delas. As máquinas poderão vir a aprender a ler ou a compreender as nossas considerações sociais ou morais e os nossos dilemas éticos, mas experimentarão empatia ou compaixão, existirão, de facto, de forma holística, como nós? Com efeito, vivemos em grande parte segundo os nossos valores, crenças e mentalidades, não de acordo com dados e algoritmos. Mesmo na eventualidade de as máquinas analisarem e possivelmente simularem o modo como os humanos o fazem, estariam ainda assim bem longe de existir como nós.

Como referi, encontramo-nos num ponto de viragem da curva exponencial onde o próximo passo é um grande salto de quatro para oito e depois para dezasseis. Por esse motivo, deparamo-nos com um enorme fosso entre aquilo que a tecnologia pode fazer (a resposta parece ser praticamente tudo) e aquilo que deveria fazer em prol da felicidade humana. Com efeito, quando olhamos para lá das causas óbvias de infelicidade — como a falta de liberdade, desigualdade, pobreza e doenças — a resposta a «o que define a felicidade?» nunca é definitiva nem universalmente consistente (ver capítulo 9).

Claramente, apesar de ser capaz de simular interacções humanas de uma forma cada vez mais próxima da perfeição, a tecnologia não sabe nem quer saber de felicidade, satisfação pessoal, realização, emoção ou valores e crenças. Só percebe lógica, acção racional, (in)completude, eficiência e respostas de sim e não, já que para «saber o que é a felicidade» teria, antes de mais, de ser feliz, o que, segundo o meu ponto de vista, exige encarnação. A tecnologia é completamente niilista sobre as coisas que os humanos realmente prezam. Creio que não pode nem deve subir na hierarquia da pirâmide de necessidades de Maslow desde ajudar nas necessidades básicas em direcção ao amor e pertença, auto-estima ou realização pessoal[25]. Sim, claro, as abordagens das redes neuronais e da aprendizagem profunda permitiram recentemente aos computadores ensinarem-se a si mesmos a fazer coisas complexas como ganhar jogos de GO[26], e penso que, teoricamente, seria possível as máquinas aprenderem autonomamente a agir como um humano. No entanto, simulação não é o mesmo que duplicação; realidade mediada não é o mesmo que realidade.

A tecnologia não tem ética, e não deve ter! Ao mesmo tempo, nesta era exponencial, os cérebros e os corpos humanos são tratados cada vez mais como objectos semelhantes a máquinas, como um desafio de *wetware* sofisticado (uma versão de *software* de carne e osso). E tremo só de imaginar o que aconteceria se os computadores fossem programados para emular ou mesmo desenvolver a sua própria ética. Na minha opinião, não devemos ir por aí. A ideia de capacitar as máquinas a «ser» pode muito bem constituir um crime contra a Humanidade.

Nascido e criado dentro de uma máquina?

Pensemos num exemplo algo chocante. O debatido e polémico conceito da ectogénese, ou seja, a gestação de um bebé fora do corpo de uma mulher, num útero artificial[27]. Isto poderá ser possível nos próximos 15-20 anos e ilustra exemplarmente como a atitude tecnológica de «sim, podemos» pode sobrepor-se à mais básica das preocupações humanas. Embora esta abordagem futurista à reprodução humana seja menos penosa para as mulheres do que uma gravidez, mais eficiente e, em última instância, provavelmente mais barata, penso que um bebé nascer dessa forma é altamente desumanizante e prejudicial. Não sei o que pensa a leitora ou o leitor, mas a mim custa-me a compreender a lógica dos que desenvolvem e promovem tais conceitos.

Isto é bom para a Humanidade? Um teste básico

Face à mudança exponencial e às escolhas cada vez mais desafiantes que se colocam à Humanidade, proponho concebermos uma série de questões com que possamos calibrar os novos avanços científicos e tecnológicos, como por exemplo:

- Esta ideia viola os direitos humanos dos envolvidos?
- Esta ideia visa substituir as relações humanas por relações entre máquinas ou promove esse conceito?
- Esta ideia sobrepõe a eficiência à humanidade, procura automatizar o que não deve ser automatizado, como as interacções essenciais entre humanos?
- Esta ideia dá primazia à tradicional lógica do PIB (lucros e crescimento) em detrimento dos princípios éticos mais básicos do ser humano?
- Substitui a busca humana da felicidade pelo mero consumo?
- Esta ideia automatiza actividades humanas nucleares que não deveriam ser automatizadas, como um padre automatizado ou um terapeuta de inteligência artificial?

Um dos meus autores preferidos de ficção científica, William Gibson, disse um dia, «As tecnologias são moralmente neutras até ao momento em que as aplicamos.»[28] Efectivamente, a sua observação certeira e muitas vezes citada é extremamente relevante no momento em que nos encontramos, quando a própria definição de sermos humanos sofre cada vez mais o impacto constante de avanços tecnológicos exponenciais.

O desafio 90/10: no ponto de viragem

Uma vez que nos encontramos na charneira da curva exponencial, temos a oportunidade única de provocar impacto no nosso futuro. Serão positivos os 90% destes avanços tecnológicos, com os restantes 10% a representar riscos e desafios passíveis de controlo? Ou perderemos o controlo e esses 90% inverter-se-ão, conduzindo-nos a um mundo distópico de 10/90?

A maior parte dos desenvolvimentos tecnológicos ainda é largamente positiva por natureza. Os avanços constantes nas tecnologias solares e de baterias representam um enorme passo na viragem global para uma energia sustentável e renovável e as recentes aplicações da Internet das Coisas (IdC) estão a permitir uma verdadeira onda de mudança em áreas como portas inteligentes, cidades inteligentes e agricultura inteligente.

No entanto, apesar de nos encontrarmos hoje nos 90% positivos, as consequências negativas, ainda pouco significativas, começam a surgir rapidamente como cogumelos porque não há suficientes inventores, cientistas, empresários e outros intervenientes dos mercados a darem-lhes a devida atenção. No caso da IdC (ver capítulo 5), se for mal feita e sem cuidados, poderá resultar na maior rede de vigilância e panóptico global alguma vez construído[29]. Poderemos acabar a ser observados, monitorizados e localizados de todos os ângulos, a toda a hora, em todos os sítios e, por omissão, sem direito a controlo ou recurso.

As tecnologias exponenciais revestem-se de um potencial verdadeiramente espantoso para a Humanidade, mas poderemos desperdiçá-lo se não pensarmos de forma holística ou se esquecermos que o fim último de toda a tecnologia e da economia em geral deveria ser a promoção da prosperidade humana.

Tecnologia, poder e responsabilidade

O poder acarreta consequências. E, neste momento, estamos demasiado ocupados a aproveitar o grande poder da tecnologia, mas raramente agimos de forma responsável no que respeita às consequências indesejadas e às mudanças fundamentais que daí advêm para o tecido da sociedade.

Adoramos estar ligados uns aos outros, promover-nos no Facebook e alguns de nós gostam da emoção de cada «gosto». No entanto, esse pacto faustiano — as redes sociais, onde damos as nossas informações pessoais a troco de uma excitante plataforma global gratuita — não inclui a responsabilização de empresas como o Facebook por aquilo que fazem com todas essas «migalhas digitais» que recolhem sobre nós. E, claro, o Facebook é mestre em escamotear a questão porque conceder-nos mais controlo sobre os nossos dados não o ajudará com certeza a ganhar mais dinheiro, já que o seu modelo de negócio subjacente é vender-nos a quem der mais.

O Facebook quer fazer-nos sentir responsáveis pelo que fazemos enquanto nos comprazemos na sua poderosa armadilha hedonista e, tal como a Associação Nacional de Armas de Fogo nos EUA (National Rifle Association, NRA) continua a argumentar que algumas pessoas usam a tecnologia para coisas más, ainda que as próprias empresas tecnológicas não sejam responsáveis. Tal como o lema da NRA «As armas não matam pessoas, as pessoas matam pessoas», este argumento não é mais do que um modo barato de negar responsabilidade em troca daquilo que facultam.

Também adoramos usar o Google Maps, o Google Now e até mesmo o Google Home (um dispositivo doméstico com quem pode falar como se se tratasse de um robô mordomo), para ver como está o trânsito ou atualizar a agenda. No entanto, não é fácil responsabilizar a Google por extrair e depois vender os nossos metadados (ainda que toscamente anonimizados) a empresas de *marketing* ou por disponibilizá-los a qualquer agência governamental munida de um carimbo da FISA («Foreign Intelligence Surveillance Act»). Em breve, quase todos usaremos assistentes digitais inteligentes controlados por voz (em inglês, IDA) nos dispositivos móveis, mas parece que ninguém será responsabilizado pelo que acontecer nos bastidores. Estes dispositivos vão ouvir tudo o que dizemos e, no entanto, não temos qualquer controlo sobre eles. Estamos efectivamente a criar máquinas pensantes sem um plano responsável e sem supervisão ou alternativa.

Estamos a entrar num mundo onde robôs agentes de *software* inteligentes baseados na nuvem (*bots*) podem executar todo o tipo de tarefas em nome dos seus utilizadores, como marcar reuniões ou reservar um restaurante. Nem sequer conseguiremos perceber como é que os nossos *bots* chegaram àquelas decisões e, no entanto, vão administrar cada vez mais as nossas vidas.

Estamos a testemunhar uma falta geral de clarividência e precaução sobre o uso e impacto da tecnologia. Isto acontece principalmente porque a responsabilidade sobre o que a tecnologia possibilita é ainda largamente considerada uma externalidade por aqueles que a criam e vendem, uma atitude completamente insustentável em relação ao futuro. Isto lembra-me como, durante muito tempo, as empresas petrolíferas saíram impunes considerando a poluição e o aquecimento global como uma externalidade da sua actividade, por outras palavras, algo que não era da sua responsabilidade. Escusado será dizer, este tipo de abordagem para o nosso futuro é infeliz e provavelmente desastrosa.

Essencialmente, acredito que temos de transcender a lógica do lucro e das taxas de crescimento quando se trata de tecnologia que pode alterar drasticamente a existência humana. Este imperativo moral ultrapassa mesmo o da era nuclear. Para citar J. Robert Oppenheimer, um dos co-inventores da bomba nuclear, depois dos bombardeamentos de Hiroxima e Nagasáqui: «Agora sou a Morte, o destruidor de mundos.»[30] Ao citar o texto sagrado Hindu, *Bhagavad-Gita*, Oppenheimer assinalava uma fase completamente nova da evolução humana. Neste momento, experienciamos inconscientemente algo ainda mais vasto.

«Como argumentarei, a IA é uma tecnologia de dupla utilização, como a cisão nuclear. Pode iluminar cidades ou

incinerá-las. O seu terrível poder era inimaginável para a maioria das pessoas até 1945. E no que diz respeito à IA avançada, é como se estivéssemos nos anos 30. Dificilmente sobreviveremos a uma apresentação tão abrupta como a da cisão.» — JAMES BARRAT, *Our Final Invention: Artificial Intelligence and the End of the Human Era*[31]

A tecnologia não é o que procuramos, mas como procuramos

A tecnologia, por mais mágica que seja, é simplesmente uma ferramenta que usamos para atingir um fim: A tecnologia não é o que procuramos, mas como procuramos! A palavra tecnologia vem da raiz grega *techne*, «levar o verdadeiro ao belo», e referia-se à melhoria das competências dos artesãos e artistas através do uso dessas ferramentas[32]. Os filósofos gregos também viam a tecnologia como algo inato à actividade humana: estamos sempre a inventar e a melhorar ferramentas e isso faz parte da natureza humana.

No entanto, hoje em dia caminhamos para um futuro onde essa intencionalidade das ferramentas começa a inverter-se de forma assombrosa: o filósofo e intelectual Herbert Marshall McLuhan sugeriu uma vez que as ferramentas que criamos estão a começar a moldar-nos ou mesmo a inventar-nos[33]. Levada aos extremos exponenciais, será uma perversão do propósito original da *techne* — e aí assumiríamos o papel de Deus, mas por pouco tempo!

Claro, quem me lê pode argumentar que a tecnologia sempre causou impacto e mudança na Humanidade, por isso qual é o problema agora, porque temos de nos preocupar? Não será apenas outra forma do mesmo fluxo de *techne?*

Imaginemos que a tecnologia na sua acepção original de *techne* era uma mera ferramenta para melhorar as nossas capacidades e o nosso desempenho, a nossa produtividade, o nosso alcance e as nossas possibilidades. Vemo-lo em invenções como a máquina a vapor, o telefone, o carro e a internet. A tecnologia não nos melhorou integralmente, apenas as nossas acções e possibilidades em relação ao exterior. Nenhum destes avanços tecnológicos nos mudou interior e materialmente, enquanto humanos, de forma profunda e irreversível a nível neurológico, biológico ou mesmo psicológico ou espiritual. O uso dessas tecnologias não estava realmente a tornar-nos exponencialmente mais poderosos, pelo menos não no sentido de estarmos no ponto de viragem da curva exponencial.

Embora a invenção da máquina a vapor tenha feito uma grande diferença durante a era industrial, era ainda muito cedo para falarmos de curva exponencial. Por outro lado, o advento da robótica avançada e a consequente automação generalizada do trabalho acontecem agora durante o ponto de inflexão nessa escala (quatro). E é aí que reside a diferença. Uma diferença em ordens de magnitude; não só de estilo, mas de tipo.

Algoritmos *vs.* Andrórritmos

Ser humano relaciona-se, em grande parte, com as coisas que não conseguiremos, no futuro previsível, calcular, medir, definir algoritmicamente, simular ou compreender totalmente. O que nos torna humanos não é matemático nem mesmo apenas químico ou biológico. Envolve em grande medida muito do que passa despercebido, do que é indizível, subconsciente, efémero e não objectivável. Esta é a essência humana, a que gosto de chamar andrórritmos, que temos absolutamente de preservar, mesmo que pareça desajeitada, complicada, lenta, arriscada ou ineficiente se comparada com sistemas não biológicos, computadores e robôs.

Não deveríamos tentar corrigir, reparar, actualizar ou mesmo erradicar o que faz de nós seres humanos. Em vez disso, deveríamos conceber a tecnologia para que conheça e respeite essas diferenças. E as proteja. Infelizmente, assistimos já à lenta, mas sistemática, redução e mesmo exclusão dos andrórritmos, esses traços enigmáticos que nos tornam humanos. Por exemplo, as redes sociais permitem-nos criar perfis «à medida» e deliciarmo-nos com identidades fabricadas, em vez de nos confrontarmos com a que efectivamente temos na vida real, também conhecida por vida para além da internet.

Isso pode parecer bom, mas também pode tornar-se muito mau se levado ao extremo. Embora haja obviamente pontos de contacto entre a nossa identidade das redes sociais e a da vida real, o elemento presencial e de sociabilidade inerente dos andrórritmos está a ser substituído por ecrãs artísticos e algoritmos inteligentes, como se se tratasse de curadoria de conteúdos *on-line* ou de um *site* de procura de parceiros. Aí, podemos conceber-nos como desejamos, usando tecnologias gratuitas, mas poderosas e logo pensamos em nós mesmos como o filósofo Jessé Bailey descreve: «Produtos tecnológicos do nosso próprio controlo calculista racional.»[34] Não surpreende pois que cada vez mais pessoas se sintam sós e mesmo deprimidas, nas redes sociais[35].

O brilhante, ainda que politicamente descarrilado, filósofo alemão, Martin Heidegger, afirmava no seu livro *Sein und Zeit (Ser e Tempo)* que «um ser humano é a única entidade que na sua existência tem o seu próprio Ser como um problema.»[36] A palavra alemã *Dasein* (ser-aí) descreve-o melhor.

O *Dasein* fala da diferença nuclear entre homem ou mulher e a máquina, sendo por isso um tema importante em todo este livro: É o ser senciente que está no centro dos nossos desejos humanos — a mente, o espírito ou a alma, essa parte esquiva de nós que não conseguimos definir ou mesmo localizar, mas que, no entanto, domina as nossas vidas.

CAULE *(STEM)* e NÚCLEO *(CORE)*

A verdade é que a magnitude dos mistérios humanos, a interacção entre o corpo e a mente, a biologia e a espiritualidade, aquilo que não é racional, não calculável, não reproduzível, não manipulável, ainda limita em grande medida o âmbito da ciência, da tecnologia, da engenharia e da matemática (CTEM, em português; em inglês, STEM). Por conseguinte, não deveríamos antropomorfizar demasiado a nossa tecnologia ou confundir as nossas prioridades quando se trata de fazer escolhas e decisões sociais importantes, nem deveríamos esquecer as nossas responsabilidades quando nos aventuramos na criação de tecnologia que poderá acabar por nos ultrapassar.

Por muito que os avanços da CTEM me fascinem, considero que é urgente criar um contrapeso, algo que amplie a importância dos factores verdadeiramente humanos. Em oposição ao acrónimo CTEM, comecei recentemente a chamar a esses factores CORE (NÚCLEO): criatividade/compaixão, originalidade, reciprocidade/responsabilidade e empatia.

A preocupação imediata não é tanto a potencial aniquilação da humanidade pelas máquinas, mas antes o nosso aliciamento para os fascinantes buracos de minhoca, mundos virtuais e simulações da tecnologia de uma forma que primeiro diminui e depois demole essas pequenas coisas que fazem de nós humanos.

Poderíamos acabar por preferir a tecnologia à humanidade?

No presente e no futuro previsível, mesmo as mais avançadas tecnologias serão capazes apenas de simular o ser humano *(Dasein)* e não de se tornarem realmente humanas. Assim, para já, o principal desafio não é tanto a substituição ou mesmo a aniquilação da humanidade pela tecnologia, mas antes se poderemos começar a preferir boas simulações, económica e habilmente fornecidas por máquinas, em detrimento da própria realidade. Por outras palavras, viremos alguma vez a preferir relacionamentos com máquinas em vez de pessoas[37]?

Contentar-nos-emos em conversar com os nossos assistentes digitais, em comer comida impressa em 3D, em viajar instantaneamente para mundos virtuais, em encomendar serviços personalizados entregues nas nossos casas inteligentes por drones ou através da nuvem e em ser servidos literalmente por robôs[38]?

Será que as grandes comodidades, os preços muito baixos, a facilidade de utilização (sem dúvida, num horizonte muito próximo) e a grande aptidão da Humanidade para a preguiça vão levar a melhor sobre a nossa necessidade de experiências reais e interacções *wetware*? Pode ser difícil de imaginar hoje, mas muitíssimo provável em menos de dez anos. Talvez o «E se...?» já se tenha tornado «E depois?»

Já vivemos com tecnologias como a realidade aumentada (RA) e a realidade virtual (RV), hologramas e interfaces cérebro-computador (ICC) que facilitam a ampliação ou simulação de realidades que costumavam ser experiências «exclusivas dos sentidos humanos», aumentando, gradualmente e depois subitamente, a probabilidade de começarmos a confundir umas com as outras.

Interfaces e ética

Prevejo que, daqui a poucos anos, usar a RA e a RV será tão normal como enviar mensagens ou comunicar através das aplicações de hoje. Imagine o que acontecerá à nossa forma de olhar o mundo se centenas de milhões de pessoas começarem a utilizar estes dispositivos. Seria humano ser constantemente ampliado desta forma? Quem será responsável por definir os princípios da amplificação dos sentidos humanos? Por exemplo, seria legal (ou ético, já agora) visualizar uma imagem sexual simulada artificialmente e sobreposta no corpo real de uma pessoa com quem estamos a conversar? Poderíamos ser demitidos por nos recusarmos a trabalhar em mundos de RV? Ou, pior, desejaríamos regressar a um mundo sem RA/RV quando este se torna tão envolvente e disponível em qualquer lado?

E, por último, mas não menos importante: quem serão os nossos supervisores nesta era de amplificação sensual por RA e RV? As tecnologias de viagens virtuais como os óculos *Oculus Rift* do Facebook, a RV Samsung e o HoloLens da Microsoft começam a dar-nos uma sensação muito real do que seria descer o rio Amazonas de jangada ou escalar o monte Fuji. São já experiências muito interessantes que irão certamente mudar o nosso modo de ver a realidade, de comunicar, de trabalhar e de aprender. Mas podemos ou devemos evitar que os futuros prestadores de experiências apresentem sempre versões falseadas da realidade, como, por exemplo, limpar os bairros degradados de Bombaim sempre que passamos lá?

Ainda seremos humanos se começarmos a preferir experimentar o mundo desta forma? Podemos fazer alguma coisa para evitar que a RA/RV se tornem ferramentas-padrão na nossa sociedade, à semelhança dos dispositivos móveis e das redes sociais? Poderíamos propor usá-los com moderação, como uma espécie de televisão melhorada, ou seremos tentados a pensar no mundo normal, não aumentado, como aborrecido? Pense na quantidade de miúdos que acham que ir à praia é uma seca por não ter *wi-fi*. Estamos perante verdadeiros dilemas que não serão resolvidos com simples respostas de sim e não. Será necessária uma abordagem equilibrada, situacional e centrada no ser humano.

Imaginemos que ainda existe uma enorme diferença entre estas novas formas de experimentar realidades alternativas e a vida real. Imagine-se em pé no meio de um bazar sobrelotado em Bombaim, na Índia, durante apenas dois minutos. De seguida, compare as memórias que teria acumulado em muito pouco tempo com as de uma experiência simulada mais longa, utilizando os sistemas mais avançados disponíveis hoje ou no futuro próximo. Os cheiros, os sons e as atracções turísticas, as reacções do seu corpo, o «assalto» geral aos seus sentidos... todos são mil vezes mais intensos do que os mais avançados equipamentos electrónicos, impulsionados por ganhos tecnológicos exponenciais, poderiam alguma vez simular.

Esta é a diferença entre uma experiência humana holística, personificada, contextual e completa e uma simulação gerada por uma máquina. No entanto, uma boa simulação não é uma coisa má, desde que saibamos o que é e desde que não nos seduza a «preferi-la em vez de nós», provavelmente podemos usá-la para fins salutares.

2 : TECNOLOGÍA *VERSUS* NÓS

As tecnologias visuais tendem a tornar-se quase infinitamente melhores num futuro muito próximo, subindo enormemente a parada e tornando progressivamente a fronteira Homem/máquina ainda mais ténue. Quando pudermos entrar literalmente na cena de um filme com a RV, as capacidades das nossas mentes e da nossa imaginação poderão ser superadas para sempre[39]. E é exactamente isso que simultaneamente me entusiasma e preocupa profundamente. Devemos fazer isto? Estaremos «equipados» para este tipo de virtualidade? O nosso «equipamento» precisará de mudar por arrasto e como faremos essa mudança? Precisaremos de novos «fios», não biológicos, para que resulte?

Independentemente da resposta a essas perguntas, se e quando o progresso tecnológico exponencial implicar que os nossos corpos deixem de ser centrais para a nossa identidade, teremos cruzado o limiar para nos tornarmos semelhantes a máquinas. A nossa humanidade ver-se-ia diminuída se as nossas capacidades de computação biológica precisassem de constantes actualizações para continuarem a ser úteis? Por essa altura, poderíamos muito bem dispensar até 95% do nosso potencial em troca de «nos tornarmos nas ferramentas que criámos»[40].

Inteligência artificial e os ténues limites humanos

Dada a dimensão do seu impacto potencial, devemos considerar o papel da IA neste atenuar da distinção Homem/máquina. Tomemos como exemplo a DeepMind, uma empresa líder em IA de Londres, comprada pela Google em 2015. Numa entrevista de Fevereiro de 2016 ao *The Guardian*, o CEO da DeepMind, Demis Hassabis, destacou o potencial da IA:

> Há uma tal sobrecarga de informação que é progressivamente mais difícil até mesmo para o mais inteligente dos seres humanos geri-la na sua vida. Como é que filtramos este dilúvio de dados até encontrar as ideias certas? Uma forma de pensar a inteligência artificial geral é como um processo que irá converter automaticamente informações não estruturadas em conhecimento

accionável. Aquilo que estamos a tentar alcançar é uma potencial meta-solução para qualquer problema.⁴¹

O que significa esta afirmação grandiosa, na prática? Imagine uma sociedade onde a tecnologia — em especial a IA — oferece meta-soluções para qualquer grande desafio da sociedade, desde doenças, envelhecimento e morte, a alterações climáticas, aquecimento global, produção de energia, produção de alimentos e até mesmo terrorismo. Imagine uma máquina inteligente que conseguisse processar facilmente mais informações do que poderíamos imaginar. Uma máquina que leria literalmente todos os dados do mundo em tempo real, a todo o instante e em qualquer lugar. Esta máquina (e os seus donos ou operadores) tornar-se-ia uma espécie de cérebro global, inconcebivelmente poderosa, para além da compreensão humana. Será aí que empresas como a DeepMind e a Google nos querem levar e, nesse caso, como poderíamos preservar as nossas características humanas num tal cenário?

«A atribuição de inteligência a máquinas, a multidões de fragmentos ou a outras divindades estranhas obscurece mais do que ilumina. Quando se diz às pessoas que um computador é inteligente, estas tornam-se propensas a mudarem-se a si mesmas para fazer com que o computador pareça trabalhar melhor, em vez de exigir que seja o computador a mudar para se tornar mais útil.» — JARON LANIER, *You Are Not a Gadget* [Você Não É Um *Gadget*]⁴²

Pode a tecnologia perceber o que realmente importa?

Imaginemos que tal máquina, uma IA na nuvem, existia (e na verdade não estamos muito longe das primeiras edições). Seria realmente capaz de ler, compreender ou apreciar essas interacções entre os seres humanos que não são expressas como dados? Poderia compreender o *Dasein,* o ser?

Apesar dos ganhos tecnológicos exponenciais que certamente acontecerão, a maneira humana de ser e de experienciar coisas continua a ser drasticamente diferente da forma como as tecnologias captam esses mesmos momentos. Mesmo as melhores fotografias, vídeos ou registos de dados são meras aproximações de como teria sido efectivamente estar lá. De alguma forma, o que reside em nós é o contexto, a materialização, a integralidade desse momento único.

Alguns filósofos argumentaram que nunca podemos efectivamente captar, reter ou reproduzir o que realmente interessa. Se isso é verdade, como poderíamos esperar captar algum tipo de humanidade simulada dentro de uma máquina? Não incorreríamos num risco muito elevado de perder 95% do que nos torna humanos se «fôssemos além das limitações da biologia», como sugere o movimento transumanista?

A Wikipédia define transumanismo como:

> ... um movimento intelectual internacional que visa transformar a condição humana através do desenvolvimento e criação de tecnologias sofisticadas amplamente disponíveis para melhorar substancialmente o capital humano a nível intelectual, físico e psicológico.[43]

Esta promessa sinistra de «melhoria substancial» é exactamente o que mais me preocupa no transumanismo. Por mais atraente que seja melhorar as minhas capacidades, parece-me que essas mesmas empresas, plataformas e tecnologias que fornecem os meios necessários de melhoria serão também os grandes beneficiados com este conceito. Essas empresas vão efectivamente ver reforçados o seu poder, alcance e valor de mercado, enquanto os comuns seres humanos lutarão cada vez mais para competir com os seus semelhantes melhorados. O negócio de substituir experiências androrrítmicas intrinsecamente humanas por algoritmos, *software* e IA que prometem capacidades divinas irá, naturalmente, ser enorme, mas será isso uma mais-valia *per se?* Devemos deixar o nosso futuro àqueles que querem transformá-lo num gigantesco sistema operativo (OS) na nuvem só porque dá montes de dinheiro?

> *«O que estou a dizer é que somos como deuses e temos de aprender a ser deuses eficientes.»* — STEWART BRAND[44]

A título de exemplo, muitos evangelistas transumanistas não se escusam a salientar que os seres humanos são mero *wetware* a precisar de uma séria reparação e actualização. Argumentam que não somos suficientemente inteligentes, suficientemente rápidos, suficientemente grandes ou suficientemente ágeis. Os seres humanos, alegam, apenas requerem atualizações de *software* e *hardware*, porque tal vai trazer o fim do envelhecimento e, possivelmente, até o fim da morte.

Será transformarmo-nos parcial ou totalmente em máquinas o próximo passo lógico da nossa evolução? Estaremos destinados a abandonar as nossas limitações biológicas e a aumentar-nos com tecnologia? O conceito de equiparar seres vivos a máquinas não é novo. O grande filósofo e racionalista René Descartes já tinha comparado animais a autómatos muito complexos no século XVI[45]. Actualmente, muitos tecnólogos estão a revitalizar esse conceito, que gosto de chamar de pensamento maquinal, ao propor que tudo à nossa volta, e dentro de nós, é como um aparelho que pode ser modificado, reparado e duplicado. Para eles, a existência humana nada mais é, em última análise, do que uma ciência sofisticada.

Por exemplo, os medicamentos para baixar o colesterol ou a tensão arterial, ou para evitar a gravidez, já representam invasões significativas, mas amplamente aceites, no funcionamento natural do nosso organismo. Mas os próximos passos na inovação médica podem ter um impacto com uma ordem de grandeza absolutamente diferente. Os exemplos vão desde implantar componentes não biológicos no interior de corpos humanos (como nanorrobôs na nossa corrente sanguínea a controlar o colesterol), alterar os nossos próprios genes para evitar doenças (ou para programar os nossos bebés), a implantar dispositivos de estimulação cognitiva no cérebro para aumentar o nosso desempenho.

Será esta simplesmente a nossa inevitável evolução ou é uma busca bizarra de poderes sobrenaturais que desafia a nossa própria natureza, concepção e propósito? Estará a Humanidade realmente destinada a recriar-se e a programar-se a si mesma, a ter opções ilimitadas quanto ao que podemos ser, a nunca morrer, a tornarmo-nos deuses? Mesmo que não sejamos religiosos (e, apenas para esclarecer, eu não sou, certamente), esta questão vai ao âmago do problema.

Mais felicidade humana e prosperidade global e colectiva não resultará de sermos cada vez mais semelhantes a máquinas, mesmo que tal nos dê algum tipo de superpoder (o que não dará, pelo menos em breve). Em vez disso, defendo que devemos desafiar as premissas centrais do transumanismo (tais como a ideia de ir além das nossas limitações biológicas) em vez de as aceitar como inevitáveis.

Também é importante compreender e aceitar que a nossa humanidade é realmente algo por que nos devemos bater; algo que temos de proteger e esforçar-nos por manter. As relações significativas são frequentemente resultado de luta e conflito e o amor nunca se mantém por simplesmente deixar que aconteça. Sermos humanos não é algo que podemos ou devemos consumir ao comprar tecnologia sofisticada. Não há nenhuma aplicação para isso.

Como seria um futuro que escava um fosso entre os transumanistas e os humanistas exponenciais como eu? Haverá um caminho intermédio entre a tecnologia e a Humanidade, e como seria?

Penso que sim e tenho como missão defini-lo.

Capítulo 3
As megamudanças

As mudanças tecnológicas estão a reformular a sociedade e a transformar a paisagem.

Penso que o próximo confronto entre Homem e máquina será intensificado e exponenciado através dos efeitos combinatórios de dez grandes mudanças (megamudanças, se quiser), nomeadamente:

1. Digitalização
2. Mobilização
3. Ecranização
4. Desintermediação
5. Transformação
6. Inteligização
7. Automação
8. Virtualização
9. Antecipação
10. Robotização

Uma mudança de paradigma está para o pensamento e para a filosofia como uma megamudança está para um enorme passo evolutivo na sociedade, que pode parecer gradual à primeira vista, mas depois tem um grande e súbito impacto. Abaixo, exploro a natureza destas megamudanças passando depois a descrever cada uma delas e as suas potenciais implicações.

3 : AS MEGAMUDANÇAS

Exponencial e simultâneo

Muitas das grandes inovações do mundo deram-se décadas, por vezes séculos, antes do derradeiro impacto sobre a sociedade humana. Ocorreram frequentemente de uma forma sequencial, seguindo-se umas às outras e sempre com base nas anteriores. Pelo contrário, as megamudanças podem evoluir lentamente também, mas muitas surgiram ao mesmo tempo. Começaram agora a fazer sentir os seus efeitos na sociedade, simultaneamente e a um ritmo muito mais rápido.

As megamudanças apresentam desafios imediatos e complexos e diferem em natureza comparativamente às forças que dominaram a sociedade e o mundo empresarial no passado. Uma diferença fundamental aqui é que um número relativamente reduzido de organizações e indivíduos que antecipam e encontram formas de explorar ou de endereçar uma megamudança normalmente espera encontrar oportunidades e colher o maior número de benefícios. A leitora ou o leitor já pode estar familiarizada/o com esses termos, mas agora quero que os imagine como forças tecnológicas distintas que se combinam para criar uma tempestade perfeita para a Humanidade. *Tecno-stress?* Os desafios que vivemos até agora nem sequer são dignos de registo na escala de *stress,* quando comparados com o que está para vir...

Megamudança 1: Digitalização

Tudo o que pode ser digitalizado, será digitalizado. A primeira onda arrastou a música, depois os filmes e a televisão, e depois os livros e os jornais. Agora está a ter repercussões no dinheiro, na banca, nos seguros, nos cuidados de saúde, no sector farmacêutico, nos transportes, nos carros e nas cidades. Em breve terá um impacto transformacional na logística, nos transportes marítimos, na indústria transformadora, nos alimentos e na energia. É importante observar que quando algo é digitalizado e movido para a nuvem se torna frequentemente gratuito ou pelo menos muito mais barato. Vejamos o que aconteceu com o Spotify: na Europa, um CD com 12 músicas custava cerca de 20 euros e agora podemos ter 16 milhões de músicas por 8 euros por mês, ou ouvi-las de graça no YouTube.

Embora seja um feliz e fiel subscritor do Spotify, este tipo de darwinismo digital destruidor de margens traz uma enorme mudança aos modelos de negócios e força os operadores históricos a adaptar-se ou morrer. No meu livro de 2005, *The Future of Music* [O Futuro da Música] (Berklee Press), discuti em pormenor aquilo que me parece ser uma certeza: as grandes editoras discográficas que durante décadas controlaram a indústria da música deixarão de existir porque a distribuição de música deixou de ser uma actividade viável[46]. De facto, Sir Paul McCartney comparou as editoras históricas com dinossauros que se questionam sobre o que aconteceu depois do asteróide[47]. Sendo uma imagem ilustrativa da «chicotada psicológica» vivida pelos gigantes estabelecidos desse outrora lucrativo reino, não sugere nada sobre a velocidade da extinção. Os crocodilos sobreviveram e alguns dinossauros evoluíram, transformando-se em frangos, mas as megamudanças digitais não prestam homenagem à história nem fazem prisioneiros.

Em 2010, cunhei a expressão «as pessoas que eram conhecidas como 'consumidores'». Para estas pessoas, a digitalização significa bens mais baratos e melhor e maior oferta[48]. Geralmente, isso é algo positivo, mas, novamente, os bens mais baratos também podem significar menos empregos e salários mais baixos. Basta olhar para a digitalização da mobilidade com a Uber e os seus rivais em todo o mundo como a Lyft, a Gett e a Ola Cabs na Índia. Agora podemos chamar um táxi usando uma aplicação no *smartphone* e que, na maior parte das vezes, será mais barato do que na concorrência estabelecida. Mas esta economia funcionará para os motoristas de táxi, a longo prazo, ou estaremos a caminhar para uma *gigeconomy* darwiniana em que fazemos uma multidão de trabalhos temporários como *freelancers* mal pagos em vez de termos empregos normais[49]?

3 : AS MEGAMUDANÇAS

Independentemente dos desafios sociais, a rápida digitalização, automatização e virtualização do nosso mundo, provavelmente, são inevitáveis. Na prática, a velocidade pode ser restringida pelas leis fundamentais da física, como as necessidades não satisfeitas de energia dos supercomputadores ou o tamanho mínimo viável de um *chip* de computador, frequentemente citados como a razão pela qual a Lei de Moore não irá prevalecer para sempre.

Este pressuposto da penetração continuada e generalizada da tecnologia aponta para um futuro onde o que não pode ser digitalizado e/ou automatizado (ver «Automatizando a sociedade», capítulo 4) pode tornar-se extremamente valioso. Conforme discutido no capítulo 2, estes andrórritmos captam qualidades humanas essenciais como as emoções, a compaixão, a ética, a felicidade e a criatividade.

Enquanto os algoritmos, o *software* e a inteligência artificial (IA) vão «comendo o mundo» (como o investidor de capital de risco Marc Andreessen gosta de dizer)[50], devemos atribuir o mesmo valor aos andrórritmos, aquilo que faz de nós humanos. À medida que os produtos e serviços caros se tornam baratos e abundantes, os andrórritmos devem assumir um papel central a par da tecnologia, se quisermos continuar a ser uma sociedade preocupada com o florescimento humano. Não queremos com certeza passar do *software* a invadir o mundo ao *software* a iludir o mundo!

Por exemplo, prevejo que no futuro próximo assistamos a uma mudança no modo como as organizações analisam métricas de negócios como os indicadores-chave de desempenho (em inglês, KPI) — um termo amplamente utilizado na definição de metas de negócios e recursos humanos. Os futuros KPI não poderão assentar apenas na contagem e qualificação das nossas realizações profissionais baseadas em factos e dados quantificáveis como vendas unitárias, contactos de clientes, classificações de satisfação ou taxas de conversão de potenciais clientes. Em vez disso, poderemos ver a ascensão daquilo a que chamo indicadores-chave humanos, que reflectirão uma abordagem muito mais holística e ecossistémica para aferir as contribuições das pessoas. Não é o funcionário quantificado, mas o ser humano qualificado que devíamos procurar!

Como com todas as megamudanças, a digitalização é simultaneamente uma maldição e uma bênção e, de qualquer forma, não é algo que possamos simplesmente desligar ou atrasar significativamente, pelo que é imperioso prepararmo-nos em conformidade.

Megamudança 2: Mobilização e mediatização*

A computação deixou de ser o que fazemos com um computador e até 2020 a mera ideia de computação parecerá absolutamente arcaica. A computação tornou-se invisível e enraizada nas nossas vidas, à boleia do que costumávamos chamar telemóveis. A conectividade é o novo oxigénio, e a computação a nova água. Tanto a conectividade ilimitada como a capacidade computacional serão o novo normal.

A música é móvel, os filmes são móveis, os livros são móveis, os bancos são móveis, os mapas são móveis... e a lista continua. Mobilização significa igualmente que a tecnologia está a aproximar-se cada vez mais de nós (e, em breve, em nós). Do computador de secretária para a minha mão ou para o meu pulso através de dispositivos portáveis como os relógios, depois no meu rosto em óculos ou lentes de contacto de realidade aumentada (RA) ou virtual (RV) e, em breve, directamente para o meu cérebro através de interfaces cérebro-computador (ICC) ou implantes. Como Gartner sugere, sincroniza-me, conhece-me, localiza-me, vê-me, ouve-me, compreende-me... sê eu. É aí que a mobilização nos está a levar[51].

«Chegará uma altura em que já não será 'Estão a espiar-me através do telefone'. Com o tempo, será 'O meu telefone está a espiar-me'.» — PHILIP K. DICK[52]

3 : AS MEGAMUDANÇAS

A Cisco prevê que, até 2020, quase 80% do tráfego mundial de internet se fará por meio de dispositivos móveis, que irão gerir quase tudo o que costumava ser feito nos computadores[53]. Já é o caso quando pensamos em funções tão diversas como *designers* gráficos, engenheiros de telecomunicações e gestores e provedores de serviços de logística. E muito vai ser feito por voz, toque, gesto ou IA. Usar teclas nem pensar!

O rápido aumento da digitalização e da mobilização resultou também na mediatização (registo) de tudo, bem como na transformação da informação em dados potencialmente lucrativos, onde o que antes era guardado em formato analógico como não-dados (como as informações médicas partilhadas em conversa com o meu médico) foi migrado para a nuvem como registos eletrónicos. Muito do que era partilhado e vivido sem usar muita tecnologia, nas interacções presenciais, é agora captado, filtrado ou transmitido em dispositivos inteligentes com ecrãs poderosos.

Imagens e memórias que armazenámos historicamente no nosso hipocampo são agora rotineiramente aspiradas por dispositivos móveis e partilhadas *on-line* a uma velocidade de mais de dois mil milhões de imagens por dia[54]. A Deloitte Global estima a partilha de mais de mil milhões de imagens *on-line* em 2016[55].

As notícias, que antes eram impressas, são agora transmitidas através de aplicações, tornando-se líquidas e maleáveis. Os encontros românticos que começavam nos cafés e bares são agora facilitados com um deslizar de dedo numa app. Os restaurantes que costumavam ser recomendados por amigos são actualmente identificados através de motores de classificação *on-line* que fornecem comentários de utilizadores e de *sites* com visualizações de 360° da cozinha (e da comida!). O aconselhamento médico costumava implicar enfermeiras e médicos. Agora é fornecido através de dispositivos que prometem um melhor diagnóstico médico a partir de sua casa por uma fracção do custo. O Scanadu é um dispositivo de diagnóstico remoto que mede os seus sinais vitais, incluindo análise do sangue, e liga-se à nuvem para uma análise instantânea[56]. Muitas experiências que costumavam chegar através da comunicação pessoal começam agora a transformar-se em *media*.

A conclusão é que tudo aquilo que pode ser mobilizado provavelmente será, mas nem todas as experiências mobilizadas deveriam ser mediatizadas em consequência. Temos de considerar a possibilidade de que o imperativo tecnológico prevalecente de «fazer porque podemos» pode já não ser uma jogada inteligente. Os avanços tecnológicos exponenciais vão permitir-nos fazer tarefas muito mais vastas e mais complexas, incluindo actividades com impacto material no nosso comportamento e nas nossas experiências enquanto seres humanos — e nem sempre de uma forma positiva.

Considere, por exemplo, a possibilidade, anteriormente irrealista, de localizar todas as pessoas que usam internet através dos seus dispositivos móveis. Sim, os nossos dispositivos «sempre ligados» incluem as vantagens da conectividade total e da constante monitorização de actividades através de apps que acompanham a nossa saúde e dispositivos que contam os passos que damos. No entanto, também nos tornamos extremamente controláveis, nus, previsíveis, manipulados e, em última instância..., programáveis.

Aqui ficam algumas questões críticas sobre as quais deveríamos reflectir quando determinamos até que ponto queremos que a tecnologia intervenha nas nossas experiências humanas:

- Temos realmente de fotografar ou gravar tudo à nossa volta para criar uma memória das nossas vidas tipo «máquina na nuvem»?
- Temos mesmo de partilhar todos os aspectos das nossas vidas em plataformas digitais ou redes sociais? Isso faz-nos parecer (e sentir) mais como máquinas ou mais como seres humanos?
- Precisamos realmente de depender de aplicações de

tradução ao vivo e em tempo real como o SayHi tradução ou o Microsoft Translate para conversar com alguém noutra língua? É certo que pode ser bastante útil, mas também coloca uma barreira adicional de *media*/dispositivo entre nós e as outras pessoas, acabando por mediatizar um processo exclusivamente humano. Novamente, trata-se de alcançar um novo equilíbrio, e não apenas dar uma resposta sim/não.

Megamudança 3: (R)evoluções da ecranização e da interface

Desde digitar a tocar e a falar, quase tudo o que costumava ser consumido impresso em papel está a migrar para um ecrã. Estas (r)evoluções nas interfaces significam que muito provavelmente os jornais vão deixar de ser lidos em papel dentro de apenas dez anos. As revistas terão o mesmo destino, sem dúvida, mas um pouco mais lentamente, porque a maioria das revistas são também sobre o toque e os cheiros. São apenas mais experimentais em bruto, dessa forma.

Os mapas em papel já estão a ser transpostos para dispositivos e possivelmente desaparecerão quase completamente em poucos anos. As operações bancárias eram feitas em edifícios ou em caixas Multibanco; agora estão a tornar-se móveis e a entrar na nuvem a um ritmo frenético. As chamadas telefónicas costumavam fazer-se com telefones; agora são chamadas de vídeo realizadas através de serviços em ecrã como o Skype, o Google Hangouts e o FaceTime.

Os robôs antes tinham botões ou controlos remotos como interfaces; agora é só ecrãs semelhantes a rostos e falamos com eles. Os carros tinham interruptores, botões, visores simples e consolas personalizadas; agora os painéis de controlo são autênticos ecrãs tácteis. E a lista não continua apenas... está prestes a explodir!

E à medida que poderosos dispositivos de visão aumentada vão inundando o mercado, também os nossos olhos vão sendo transformados em ecrãs. Embora já haja quem sugira a sua actualização com a tecnologia existente, no futuro próximo, ainda vamos ver com os nossos próprios olhos humanos, versão 1.0. No entanto, muitos de nós já usaremos óculos de realidade aumentada, lentes de contacto activadas via internet ou visores que melhoram drasticamente o que vemos e a forma como reagimos ao que vemos. A nossa forma de ver o mundo está prestes a mudar, para sempre: uma verdadeira situação de inferno-paraíso.

A ecranização é uma tendência-chave na convergência entre Homem e máquina e no debate crescente sobre até onde devemos ir. Abre o caminho ao uso generalizado de RA/RV e hologramas.

Teremos ecrãs para tudo, em todo o lado, e esses ecrãs, alimentados por energia solar e pilhas de longa duração e baixo custo, podem muito bem tornar-se mais baratos do que o mais sofisticado papel de parede. Daí que será muito fácil dar o próximo passo e utilizar os ecrãs como sobreposições da nossa realidade; para apresentar informações ou outras imagens contextuais sobre o que vemos, realmente, à nossa volta. Arriscaria dizer que dentro de dez anos usar RA e RV vai ser tão normal como usar o WhatsApp hoje em dia. É simultaneamente um pensamento empolgante e assustador: nessa altura, quem poderá dizer o que é real e o que não é? Pense no que isso vai fazer à nossa autopercepção enquanto seres humanos. Imagine alcançar uma tal «super-visão» e omnipotência visual apenas colocando um visor HoloLens da Microsoft por 250 dólares. Imagine uma médica a usar uns auscultadores Samsung VR durante a próxima cirurgia, diminuindo assim o risco de processos por negligência só porque tem melhor acesso a dados em tempo real.

O mundo que vemos pode tornar-se infinitamente mais rico, mais rápido e mais interligado, mas quão confuso e viciante poderá ser? E porque haveríamos de querer ver sem esses novos superestimuladores? Esta questão tornar-se-á cada vez mais premente quando os fornecedores destes produtos usarem exércitos de neurocientistas e especialistas em comportamento para os ajudarem a tornar os nossos ecrãs ainda mais viciantes e cómodos. Se a leitora ou o leitor acha que um «gosto» do Facebook já faz a dopamina andar aos saltos, como «baterá» a futura *trip* visual?

> *«Aqui, no entanto, não há opressores. Ninguém o está a obrigar a fazer isto. É de livre vontade que se deixa prender a estas correntes. E de livre vontade torna-se socialmente autista. Já não liga a deixas de comunicação humana básica. Está numa mesa com três seres humanos e todos estão a olhar para si e a tentar falar consigo e você está a olhar para um ecrã! A pesquisar estranhos no... Dubai!»* — DAVE EGGERS, *O Círculo*[57]

Megamudança 4: Desintermediação

Uma tendência-chave no comércio *on-line*, nos meios de comunicação social e na comunicação é eliminar a interferência do intermediário ou intermediária para uma abordagem directa. Isso já aconteceu com a música digital, onde as plataformas mais recentes como a Apple, o Spotify, o Tencent, o Baidu e o YouTube estão a interferir e a desalojar os cartéis das editoras musicais que costumavam obter 90% dos rendimentos de um artista.

Está a acontecer com o turismo e os hotéis: o Airbnb permite-nos ficar em casas privadas e reservar directamente com os proprietários do apartamento, sem precisarmos de um hotel tradicional.

Aconteceu na área editorial, onde os autores podem ir directamente à Amazon Kindle Publishing, obtendo até 70% das receitas num livro digital, em vez dos 10% de uma editora tradicional. Consegue imaginar o impacto sobre a popularidade e os lucros de Tolstói se tivesse esse tipo de acesso directo?

Está a acontecer nas transacções bancárias, onde os clientes podem agora usar ferramentas como o PayPal, o M-Pesa em África, o Facebook Money e o TransferWise para fazer pagamentos em todo o mundo. Estes serviços contornam muitas vezes os bancos e os serviços tradicionais de transferência de dinheiro e as escandalosas taxas que costumam cobrar. Adicionemos à equação o comércio a retalho, os seguros e, em breve, a energia e pode ver onde isto vai parar: se puder ser feito directamente e/ou entre pares, será. A tecnologia está a torná-lo uma certeza.

O principal desafio é este: a perturbação dos mercados é óptima, é emocionante e pode ser muito lucrativa (como evidenciado pelas histórias entusiásticas de empresas emergentes a alcançarem milhares de milhões de dólares de mais valorizações em poucos anos), mas, em última análise, também precisamos de construção[58]. À superfície, parece bom querermos juntar-nos às fileiras das empresas com uma avaliação de mil milhões de dólares (unicórnio) ou de 10 mil milhões de dólares (decacórnio). No entanto, temos de ir mais longe para garantir que construímos algo que crie uma nova e melhor infra-estrutura, bem como um contexto societal, não apenas algo com uma alta capitalização bolsista, mas que não acrescenta nada e simplesmente retira o que existia anteriormente.

A Uber desintermediou o sector dos táxis e das limusinas, o que tem sido uma incrível vantagem para muitos clientes, bem como para os motoristas e outros funcionários da empresa. No entanto, enquanto se tornava um grande e poderoso interveniente no terreno, a Uber transformou-se num novo tipo de intermediário. Alguns comentadores já chamam «capitalismo de plataforma» e «feudalismo digital» à forma como a Uber trata os seus motoristas, considerados como mercadorias altamente dispensáveis, uma clara desvantagem da economia *gig*[59].

O exemplo da Uber mostra que não será suficiente abandonar o que já não funciona tão bem, como a indústria dos táxis, ou reiniciar serviços onde os actuais operadores dominantes do mercado são já indiferentes. É igualmente necessário criar um novo ecossistema completo e digitalmente nativo que faça mexer todas as peças do *puzzle* e não apenas algumas. Ficar com a

3 : AS MEGAMUDANÇAS

melhor parte depois de romper com modelos de negócio ultrapassados não é sustentável. O problema não se resume à ruptura. É também sobre construção.

A desintermediação é claramente dominada pelo poder das tecnologias exponenciais e ainda vamos assistir a mais desenvolvimentos. As maiores ondas de choque da mudança far-se-ão sentir na área da saúde e no sector energético. Será essencial lembrarmo-nos de que a mera interferência não funcionará nem terá vida longa. Temos ainda de construir verdadeiros valores humanos e um ecossistema holístico que crie valor duradouro para todos; não apenas mais algoritmos, mas andrórritmos renovados. Temos de ter uma visão holística para efectivamente fazer a diferença.

«Antes que fiquem demasiado deslumbrados com gadgets fantásticos e vídeos hipnotizantes, deixem que vos lembre que informação não é conhecimento, conhecimento não é sabedoria e sabedoria não é clarividência. Cada um deles advém do outro e precisamos de todos.» — ARTHUR C. CLARKE[60]

Megamudança 5: Transformação

Para além da mera mudança, o maior meme em 2015 foi «transformação digital», uma expressão que já adquiriu um pouco o travo desagradável das «redes sociais». Não obstante, a designação ajusta-se na perfeição pois vai muito além da mera mudança ou inovação. Significa literalmente tornar-se outra coisa, transmutar-se de lagarta para borboleta ou de carro de brincar para robô brinquedo, ou mesmo de fabricante de automóveis para fornecedor de mobilidade. A transformação será a prioridade número um para a maioria das empresas e organizações à medida que as mudanças tecnológicas exponenciais se fizerem sentir em todos os domínios. Transformar-se em algo que funcione daqui a cinco anos requer uma enorme clarividência, bem como coragem e, naturalmente, o apoio de todas as partes interessadas e dos

55

mercados de capitais. Mas não esqueçamos que a mãe de todas as transformações será a nossa própria megamudança de estarmos fisicamente separados para estarmos directamente ligados a computadores e dispositivos.

Megamudança 6: Inteligização

Esta é uma das principais razões por que a Humanidade está a ser desafiada tão profundamente: as coisas estão a tornar-se inteligentes.

Cada objecto à nossa volta que antes estava desligado e sem contexto dinâmico está agora ligado à internet por meio de redes de sensores e continuamente actualizado e interrogado através de redes globais de dispositivos.

Tudo o que possa ser inteligente será, agora que temos os meios.

A aprendizagem profunda é um facilitador-chave da inteligização e um enorme agente de mudança. Em vez da abordagem tradicional de programar máquinas para seguirem instruções e executarem uma tarefa, o paradigma dominante emergente é o de lhes dar nada a não ser uma enorme capacidade computacional, aceder a imensos volumes de dados ligados e em tempo real, a um conjunto básico de regras de aprendizagem e um comando simples como «Descobre como ganhar todos os jogos de Go, xadrez ou gamão». Depois a máquina apresenta regras e estratégias que talvez nós, humanos, nunca descobríssemos sozinhos.

Os laboratórios DeepMind de IA da Google demonstraram o poder da aprendizagem profunda em 2015 mostrando que um computador pode realmente aprender a jogar e ganhar jogos de computador Atari sozinho e depois evoluir para um domínio total num período de tempo muito curto[61].

Logo após a demonstração de Atari, o DeepMind desenvolveu o AlphaGo — um computador de auto-aprendizagem que dominava o antigo e infinitamente mais difícil jogo de Go[62]. Este é o Santo Graal da inteligência computacional: não a perfeição matemática que o Deep Blue mostrou quando derrotou Gary Kasparov no xadrez[63], mas a capacidade da máquina em compreender o que a rodeia e a conceber o melhor curso de acção e assim recursivamente. Ao aplicar repetidamente o mesmo processo, estas IA podem tornar-se exponencialmente melhores, muito rapidamente.

Megamudança 7: Automatização

A grande promessa de muitas tecnologias exponenciais é que podemos digitalizar tudo, torná-lo inteligente e depois automatizá-lo e virtualizá-lo. A automação é a chave para esta ideia de hipereficiência porque torna possível substituir os seres humanos por máquinas. Vou abordar esta megamudança no capítulo 4 sobre a automatização da sociedade.

Megamudança 8: Virtualização

De forma muito simples, a virtualização é a ideia de criar uma versão digital, não física, de algo, em vez de ter uma cópia tangível no local. Alguns dos serviços virtuais mais comummente usados são a virtualização de servidores ou de ambientes de trabalho, onde o meu local de trabalho está na nuvem, sendo acedido somente através de um terminal na minha secretária ou de uma aplicação no meu *smartphone*. Outro exemplo são as comunicações e as redes: em vez de usar *hardware* de rede como *routers* e comutadores, as comunicações de chamadas e de dados são cada vez mais direccionadas para a nuvem usando redes definidas por *software* (em inglês, SDN). Os benefícios resultantes incluem enormes poupanças potenciais de custos e um atendimento mais rápido, mas também há perturbação dos modelos de negócio de grandes actores globais como a Cisco.

A virtualização por meio da computação em nuvem pode, sugerem alguns, oferecer até 90% de economia de custos[64]. Em vez do transporte marítimo de livros impressos em redor do globo, a Amazon virtualiza a livraria e envia arquivos digitais aos leitores no seu leitor Kindle. Estamos já na iminência de virtualizar o envio por transportes marítimos, também. Imagine as poupanças de uma impressora 3D que pode produzir a capa do seu iPhone mesmo na sua sala de estar. Só tem de descarregar o *design*. Imagine uma futura impressora 3D que pode imprimir até os produtos mais avançados com centenas de materiais compósitos, ali mesmo no seu *shopping* favorito, fazendo de sapatilhas a Barbies, até uma miríade de outros produtos.

A descentralização é um importante componente da virtualização porque não precisamos de um ponto de distribuição central se um produto estiver disponível na nuvem. Os sistemas SDN não necessitam que todos os cabos passem por um determinado comutador ou caixa; toda a comutação pode ser feita remotamente, permitindo poupanças significativas. Naturalmente, quando se virtualizam ou descentralizam bens, a segurança passa a ser uma questão premente porque existem muito menos pontos de controlo físico[65]. Trata-se de uma enorme oportunidade para empresas inovadoras, mas também um sério desafio para governos e políticos. Como estabeleceremos as regras de participação e a ética digital subjacente às soluções para estes desafios técnicos?

No futuro próximo, a virtualização estender-se-á a todos os sectores, desde a banca, serviços financeiros, cuidados de saúde e indústria farmacêutica — particularmente no desenvolvimento de medicamentos. A terapêutica digital terá por objectivo complementar ou mesmo substituir o sistema tradicional de medicação ao introduzir modificações comportamentais que reduzam, ou até resolvam, o mesmo problema. Outro caso poderoso é a biologia na nuvem, onde o *software* absorve os resultados de laboratório e funde-os com outros dados que ajudam a acelerar a descoberta de novos medicamentos.

Agora, imagine o efeito exponencial da combinação entre as outras megamudanças e a virtualização. Os robôs virtualizados na nuvem poderão tornar qualquer processo muito mais rápido e fiável, tal como a digitalização da mudança comportamental pode ser uma alternativa aos medicamentos[66].

Escusado será dizer que a virtualização será uma força motriz no conflito entre a tecnologia e a Humanidade, incluindo a perda de postos de trabalho, a probabilidade de que o «*software* em breve invada a biologia» e a crescente tentação de virtualizar os seres humanos através de *uploads* no cérebro ou da «ciborguização» — o sonho de muitos transumanistas[67].

Megamudança 9: Antecipação

Os computadores já se estão a tornar muito bons a antecipar as nossas necessidades antes de nos apercebermos delas. O Google Now e a Página Inicial do Google são assistentes digitais inteligentes (ADI) da Google e representam uma faceta da enorme aposta da empresa na IA. Estes assistentes anteciparão quaisquer alterações na agenda diária do leitor ou da leitora, sejam atrasos de avião, trânsito ou reuniões que se prolongaram, e usarão a informação para notificar o seu atraso na próxima reunião, ou agendarão até um novo voo[68].

A prevenção da criminalidade com base em algoritmos começa a tornar-se um tópico muito popular entre responsáveis pela aplicação da lei. Basicamente, estes programas estão a utilizar grandes dados como estatísticas de crime, redes sociais, localizações de telemóveis e dados de trânsito para prever onde poderão ocorrer crimes de modo a que se possa intensificar o patrulhamento policial nessa área. Nalguns casos, alguns indivíduos terão sido identificados para uma visita de uma ou um assistente social ou de uma ou um agente da polícia porque o sistema os indicava como potenciais perpetradores de crimes, lembrando-nos de forma incómoda dos «precogs» do filme *Relatório Minoritário*[69].

Imagine até onde isso poderá ir logo que a Internet das Coisas (IdC) se torne global, com redes de sensores a ligar centenas de milhares de milhões de objectos como semáforos, carros e monitores ambientais. Imagine o potencial de antecipação e previsão, assim que tivermos ferramentas de IA que interpretem todos esses dados. Na área da investigação de novos medicamentos, uma ferramenta de IA executada num computador quântico poderia mapear milhões de milhões de combinações moleculares e identificar instantaneamente as que poderiam funcionar num determinado tratamento ou até mesmo ajudar a prevenir por si só o aparecimento de doenças.

Imagine o que poderá acontecer quando notas e moedas se tornarem digitais e a mais pequena compra for imediatamente localizável — muitíssimo mais eficiente, mas também muitíssimo mais invasivo. Transformações digitais lucrativas ou Admirável Mundo Novo?

Apesar das sedutoras promessas que as tecnologias de futuro parecem oferecer, há um emergente número de questões éticas incómodas, entre elas:

- **Dependência** — Deixar o nosso raciocínio a cargo de *software* e algoritmos porque é muito mais prático e rápido.
- **Confusão** — Não saber se foi o ser humano pretendido que respondeu aos meus *e-mails* ou se foi o seu assistente de IA. Ou até mesmo não saber se fiz a minha própria decisão ou se fui manipulado pelo meu assistente digital inteligente.
- **Perda de controlo** — não saber se a antecipação da IA foi correcta ou não, já que não podemos de todo localizar a lógica do sistema ou mesmo compreender o funcionamento de um sistema de aprendizagem automática impulsionado por computação quântica. Por outras palavras, seria necessário confiar totalmente nele ou de todo, como no dilema que alguns pilotos de avião já enfrentam com os sistemas de piloto automático.
- **Abdicação** — Ser tentado a atribuir mais tarefas a sistemas que lidam com elas por nós, seja coordenar agendas pessoais, marcar compromissos ou responder a *e-mails*

simples. Naturalmente, seria muito provável que depois culpássemos a nuvem/*bot*/IA se algo corresse mal.

Megamudança 10: Robotização

Os robôs são a materialização de todas estas megamudanças, onde tudo converge em algumas novas criações fantásticas. E vão estar em todo o lado, quer gostem quer não. Enquanto a ciência dá grandes saltos na compreensão da linguagem natural, no reconhecimento de imagem, na carga das baterias e em novos materiais que permitem a melhoria da capacidade de movimento, é expectável que o preço dos robôs desça drasticamente ao mesmo tempo que a sua utilidade — bem como a propensão para gostarmos deles — dispara. Alguns robôs poderão mesmo ser impressos em impressoras 3D, tal como está a acontecer com os primeiros carros quase inteiramente fabricados com impressoras 3D[70].

A verdade é que temos também de colaborar para abordar a ética, a cultura e os valores, à medida que nos dirigimos em direcção a mudanças exponenciais. Caso contrário, a tecnologia tornar-se-á, gradual e depois subitamente, o objectivo da nossa vida, em vez da ferramenta para descobrir esse objectivo.

Capítulo 4
Automatizando a sociedade

Maior produtividade, melhores margens mas menos empregos, mais tecnomultimilionários, mas uma classe média em contracção?

De todas as megamudanças, a automatização merece uma atenção especial. A automatização tem sido um forte impulsionador de mudança em toda a história, por exemplo quando os teares operados manualmente abriram caminho a novas máquinas de tecelagem, provocando as revoltas de 1811-1816 no Reino Unido pelos chamados luditas, ou antiprogressistas, que temiam pela sua subsistência por causa da tecnologia[71].

Historicamente, as vantagens da automatização resultaram frequentemente em inúmeras novas oportunidades para aqueles inicialmente afectados ou substituídos pela mesma. Os mercados tornaram-se mais eficientes, os custos diminuíram, as indústrias e as economias cresceram, nasceram novos sectores e, ao longo do tempo, a sociedade industrial não sofreu realmente um desemprego tecnológico sustentado e a longo prazo causado pelas novas tecnologias ou automatização[72]. A cada onda de industrialização, novas tecnologias criaram novos sectores, acabando por criar novos postos de trabalho suficientes para substituir os antigos postos de trabalho que a mesma automatização tornara redundantes. Os salários aumentaram juntamente com a produtividade... pelo menos até surgir a internet.

Mas, fazendo um avanço rápido para a economia da

informação — agora, um termo verdadeiramente obsoleto, usado para descrever a primeira onda de internet — a relação entre os ganhos tecnológicos e a criação de emprego tomou um rumo diferente. A desigualdade aumentou nas grandes economias — lideradas pelos Estados Unidos — à medida que aqueles que possuíam os meios e plataformas de digitalização se iam governando com muito menos trabalhadores do que alguma vez acontecera[73, 74].

A transição da economia da informação para a economia do conhecimento foi muito mais rápida e potencialmente mais disruptiva. Agora, quando damos o próximo passo e nos precipitamos para a economia das máquinas inteligentes, espera-se uma quebra no emprego e a disparidade entre produtividade e salários médios aumentará, muito provavelmente. Ao explorar as megamudanças, as empresas podem apresentar produtos melhores, muito mais rapidamente e a menor custo. Prevejo que a redução de postos de trabalho e o aumento do desemprego poderá tornar-se a regra e não a excepção.

Algumas tendências preocupantes relacionadas com o trabalho são já perceptíveis desde o início da década de oitenta, quando vimos as primeiras vagas de automatização e de máquinas que podiam fazer o nosso trabalho por nós, a começar pelo equipamento agrícola, robôs de soldadura e centros de atendimento telefónico automatizados. Mas a dimensão do desafio começa agora a tornar-se mais evidente. O Instituto de Estatística do Trabalho dos Estados Unidos refere que, desde 2011, a produtividade global dos EUA aumentou significativamente, mas o emprego e os salários não[75]. Consequentemente, os lucros das empresas têm vindo a aumentar desde 2000[76].

Ao mesmo tempo, a desigualdade explodiu globalmente: de acordo com o The *Huffington Post,* as 62 pessoas mais ricas do planeta acumularam mais riqueza do que 50% de toda a população mundial[77].

A questão essencial é saber se o progresso tecnológico

exponencial irá continuar a exacerbar esta tendência preocupante, ou se a abortará de alguma forma.

Penso que as estatísticas americanas podem indicar uma maior tendência susceptível de ser amplificada drasticamente pelas megamudanças: o progresso tecnológico já não é um catalisador de rendimentos e de empregos como o foi durante a era industrial e mesmo durante o início da era da informação/internet. Sim, as margens e os lucros totais aumentam na maioria das empresas à medida que as máquinas vão substituindo as pessoas. Contudo, esses milhões de trabalhadores despedidos não parecem ver qualquer vantagem na automatização. Os camionistas não se tornam *designers* de interfaces móveis de um dia para o outro!

Agora imagine onde isto nos vai levar se pensarmos no crescimento exponencial do progresso tecnológico. Um estudo de 2013 da Oxford Martin School sugere que até 50% dos postos de trabalho podem ser automatizados nas duas próximas décadas[78]. Os lucros empresariais poderão então disparar porque as empresas podem diminuir o número de pessoas que empregam globalmente, o que pode ser replicado em todos os sectores da indústria. Por outras palavras, dando primazia à automatização e às outras nove megamudanças, as grandes empresas podem fazer muito mais dinheiro com muito menos pessoas.

Veremos obviamente a criação de novos empregos que não existiam anteriormente, como *designers* de interface homem-máquina, biólogos da nuvem, supervisores de inteligência artificial (IA), analistas de genoma humano e gestores de privacidade pessoal. No entanto, centenas de milhões de trabalhos tradicionais desaparecerão para sempre, em particular os mais repetitivos e que não exigem competências exclusivamente humanas como a capacidade de negociação, a criatividade ou a empatia. A questão não é se, mas quando.

Será um desafio definitivo de tecnologia *versus* Humanidade: temos de perceber a que ritmo exponencial ocorrerá esta mudança e o que poderá significar para a educação, aprendizagem, formação, estratégias de governo, sistemas de segurança social e políticas públicas em todo o mundo.

À medida que as IA, gradualmente e depois subitamente, se tornarem cientistas, programadores, médicos e jornalistas, as oportunidades de trabalho significativas poderão tornar-se tão escassas que muito poucos de nós arranjarão um trabalho como os de hoje. Ao mesmo tempo, a maioria dos itens nos degraus inferiores da hierarquia de necessidades de Maslow — como comida, água e abrigo — ficará cada vez mais barata. As máquinas farão a maior parte do trabalho pesado, tornando a prestação de serviços como os transportes, o sector bancário, os alimentos e os meios de comunicação social muitíssimo mais barata. Podemos estar a dirigir-nos ao território inexplorado da abundância económica, por um lado, mas ao fim do trabalhar para ganhar a vida, por outro. Eventualmente, precisaremos de separar dinheiro e profissão e essa mudança vai pôr em causa alguns dos pressupostos centrais de como definimos os nossos próprios valores e identidades.

Será bom ou mau? Como é que as pessoas que não conseguem encontrar trabalho vão pagar os bens e serviços produzidos pelas máquinas, mesmo que sejam muito mais baratos do que hoje? Será o fim do consumo como lógica central do capitalismo? Estaremos a ver o princípio do fim do trabalho remunerado, como o conhecemos?

Os políticos, funcionários públicos e os governos em geral têm de tomar uma maior consciência dos desafios da automatização e de se tornar muito melhores gestores à medida que nos aproximamos deles a toda a velocidade. A liderança de pensamento será o requisito crucial e um funcionário público que não compreenda a necessidade de se tornar um «gestor do futuro» não está a apanhar a história. A principal razão para votarmos num candidato político no futuro muito próximo deverá ser a sua gestão positiva no presente, «o que é», demonstrando, simultaneamente, que compreende profundamente «o que poderá ser».

Automatização2 — Os cinco «A»

Muitas vezes penso na automatização a progredir nestas cinco etapas, progressivamente piores:

1. Automatização
2. Assentimento
3. Abdicação
4. Agravamento
5. Abominação

A automatização é um destino inevitável

Penso que a automatização exponencial é uma certeza, simplesmente porque se está a tornar possível finalmente e reduz drasticamente os custos; um foco primário em quase todas as empresas e organizações. Vamos assistir a um novo tipo de baixo custo, de hipereficiência na maioria das indústrias nos próximos cinco a dez anos. Pense no que isso poderá fazer aos postos de trabalho e ao emprego. Mas a eficiência deve realmente dominar a Humanidade? Devemos automatizar as coisas apenas porque podemos? Devem as empresas, que investem agressivamente na substituição de seres humanos por tecnologia, pagar algum tipo de imposto de automatização que beneficie aqueles que já não têm trabalho? Estas são perguntas a que precisamos de responder muito em breve.

Pensemos no facto de as forças combinatórias das megamudanças, especialmente a digitalização, a virtualização, a inteligização (aprendizagem profunda e IA) e mobilização, estarem a criar novas possibilidades de automatização todos os dias. No início de 2016, quando o sistema da Google, GoAlpha, decifrou o código do jogo, não tinha sido programado para jogar Go, mas antes aprendeu a jogá-lo a partir do zero, sozinho[79].

Não se trata aqui de computadores pré-programados de IA limitada que conseguem vencer os seres humanos em áreas mais ou menos matemáticas ou lógicas como o xadrez. Trata-se sim de

4 : AUTOMIZANDO A SOCIEDADE

uma IA que pode usar uma abordagem mais humana, baseada em redes neuronais para simular a forma como o cérebro aprende e que se consegue adaptar e programar a si mesma. Imagine este tipo de IA a analisar tarefas e desafios humanos complexos e de grande escala e depois a conceber uma forma de resolver e automatizá-los por nós. E a ser infinitamente melhor do que nós em praticamente qualquer tarefa relacionada com conhecimento.

Em *Mais Inteligentes do Que Nós: a Ascensão das Máquinas Inteligentes,* Stuart Armstrong escreve:

> Se uma IA possuísse qualquer dessas competências — aptidão social, desenvolvimento tecnológico, capacidade económica — a um nível sobre-humano, é bastante provável que rapidamente viesse a dominar o nosso mundo, de uma maneira ou de outra. E como temos visto, se alguma vez desenvolveu essas habilidades a nível humano, então é provável que em breve as desenvolva para atingir um nível sobre-humano. Assim, podemos supor que mesmo se uma dessas competências for programada num computador, então o nosso mundo será dominado pela IA ou humanos potenciados pela IA.[80]

Tomemos o exemplo da segurança social, administração de pedidos médicos, pensões e subsídios de desemprego para potenciais centenas de milhões de pessoas. Aplicando a IA, em breve poderá ser viável ter um supercomputador inteligente a decidir as regras da segurança social e como devem ser implementadas, resultando em enormes poupanças para os governos, mas muito possivelmente desumanizando os cidadãos no processo.

Nos EUA, uma IA avançada poderia obter estas regras com base em todos os dados da segurança social a partir dos últimos 80 anos, desde que o sistema de segurança social foi fundado, em 1935[81]. Aprenderia também com todos os outros dados disponíveis, como registos de saúde, perfis de redes sociais, bases legais e regulamentos, juntamente com bases de dados municipais e governamentais. Uma segurança social de IA, em constante evolução (chamada SocSecBot), poderá ser o resultado. Uma IA que consegue lidar com operações muito complexas, apoiada talvez por 10-20% dos funcionários actuais. Diga adeus à empatia humana e compaixão: as máquinas determinariam a reforma do candidato e não valeria a pena discutir com elas.

Muitas vezes questiono-me sobre o que acontecerá quando esses conceitos se tornarem realidade, gradualmente e depois subitamente. Vejamos uma provável cadeia de eventos que já se observa em situações de saturação com as redes sociais. Depois de esbarrarmos com a automação em cada esquina, começamos muitas vezes por assentir, aceitando basicamente as decisões do sistema e a sua superioridade, relutantes, mas com um sorriso nos lábios. Não estamos assim tão entusiasmados, mas não vamos armar confusão.

Em seguida, podemos começar a abdicar, o que significa que «abandonamos o trono» e passamos o poder ao sistema. Muito em breve, não seremos a entidade mais importante neste sistema, mas antes a máquina, o novo centro de gravidade, e passamos a ser o conteúdo em vez da razão. A ferramenta tornou-se o propósito e começamos a fazer coisas apenas para manter o sistema feliz. Inicialmente, e principalmente, «o sistema» serão os outros nós da rede, os humanos também ligados ao mesmo ecossistema electrónico global.

O Facebook é actualmente o melhor exemplo de abdicação: em vez de tomarmos qualquer acção política real, provavelmente dispendiosa e quase sempre inconveniente, simplesmente clicamos «gosto» no Facebook, partilhamos um vídeo com os nossos amigos, assinamos petições e, na melhor das hipóteses, doamos alguns euros a uma campanha Kickstarter ou Causes.com.

Assentimento

Já vemos muitos exemplos de automatização de coisas que não deviam ser automatizadas, como usar motores de *software* que criam mensagens «melhores» para obtermos mais «gostos» nas redes sociais. Normalmente, assentimos *a posteriori*, depois de concordarmos e irmos indiscriminadamente com a corrente porque é fácil e conveniente. Cumpre a sua função. Um exemplo é adicionar um amigo ao Facebook apenas porque é amigo de um amigo de outro amigo e recentemente «gostou» da sua publicação. Porque não e qual é o mal? Concordo, neste caso, que é difícil argumentar que haja algum mal.

Abdicação

A seguir, principalmente de forma inadvertida, podemos estar a abdicar de responsabilidades que costumavam ser nossas e a transferi-las ou a subcontratá-las à tecnologia. Em vez de visitarmos mais vezes a nossa avó, talvez instalemos o Skype na sua casa e a visitemos agora mais frequentemente, mas através de um ecrã. É um bom ou mau desfecho?

Ou, num futuro muito próximo, em vez de nos certificarmos de que ela vai ao médico regularmente, talvez lhe enviemos um dispositivo de diagnóstico remoto que mede os sinais vitais em qualquer lugar, em qualquer momento, para que não tenhamos de a levar ao médico.

A abdicação (literalmente, «renunciar ao trono») do nosso próprio poder, transferindo o controlo para a tecnologia, tornou-se já um tema constante à nossa volta. Uso com bastante frequência o TripAdvisor, que me diz, com propriedade, se um determinado restaurante é o melhor e, embora estejamos à frente de outros vinte e cinco restaurantes com bom aspecto, vamos simplesmente onde a máquina nos manda. De certa forma, estamos a transferir a nossa autoridade e o nosso próprio poder de decisão para um algoritmo. Mais uma vez, no caso do TripAdvisor, não é nada de especial, mas imagine esta tendência a crescer exponencialmente, também! Pode parecer que as coisas já não são realmente decididas ou mesmo feitas por nós, apenas acontecem. Torna a vida muito mais fácil, não é? Ir na corrente exige muito menos esforço do que ir sozinho.

Já tive esta discussão em particular sobre o TripAdvisor com muitos amigos e públicos nos últimos dois anos e cheguei à conclusão de que se eu o usar apenas como mais um ponto de dados entre muitos outros, e se tiver consciência das tentações de assentir e abdicar, então o TripAdvisor é bastante útil. Novamente, o importante é o equilíbrio. Mas o que faríamos se o TripAdvisor se tornasse numa IA, um quimérico *bot* inteligente e já não pudéssemos julgar o seu desempenho e honestidade tão facilmente? E se se tornasse tão inteligente que não tivéssemos outra escolha a não ser confiar nele completamente, ou não confiar de todo?

O Google Maps é outro exemplo de como é fácil pôr os seres humanos a abdicar dos seus tronos. Quantas vezes já parou num cruzamento de uma cidade desconhecida à procura de algo no ecrã e que está literalmente à sua frente? Mas não, já não acredita nos seus sentidos ou, já agora, nos das outras pessoas. Acreditamos no que o cérebro nos céus nos diz. Será que vai chover, devia levar guarda-chuva? O sistema operativo da Google diz-me, em vez do meu palpite sobre o tempo ou de um olhar rápido pela janela.

É algo bastante trivial, sim, mas imagine as próximas amplificações resultantes das tecnologias exponenciais. Será que um dia vamos ter um cérebro médico global para decidir se devemos ou não ter filhos, com base no nosso ADN e milhares de milhões de outros factores? Recusar-se-ão as companhias de seguros a fazer coberturas se não obedecermos? Continuaremos a ser livres de tomar decisões que não se baseiem em lógica ou algoritmos? Poderemos ainda fazer coisas estúpidas como conduzir em excesso de velocidade, beber demais ou comer comida menos saudável? Estará o livre-arbítrio a morrer?

Agora imagine Abdicação[2] — esquecer-nos de nós exponencialmente.

O que aconteceria se a tecnologia continuasse a encorajar-nos a ceder ainda mais controlo porque é prático, eficiente e mágico? Para não dizer 95% mais rápido! E se só vimos a ponta do icebergue da abdicação e estamos no nível 5 de uma escala de 0 a 100? Poderemos eventualmente, como sugere o autor Stephen Talbott em *A Nova Atlantis,* «abdicar da consciência», permitir que as máquinas ajam como árbitros finais dos valores e da moral[82]? Se, como argumenta Talbott, as «tecnologias nos convidam veementemente a esquecer-nos de nós mesmos», o que acontecerá quando aplicarmos tecnologias exponencialmente mais potentes?

Tornar-se-á esta atracção por «esquecer-nos de nós mesmos» numa forma predefinida de sonambulismo através da vida digital, abrindo a porta a uma espécie de feudalismo digital global, onde os senhores feudais da tecnologia nos dominam como nunca imaginámos?

Uma coisa é certa: a tecnologia e muitos dos seus maiores fornecedores estão a fazer tudo o que podem para nos aproximar dos caminhos do assentimento e da abdicação, inadvertida ou messianicamente. Não tentamos comer de forma diferente; em vez disso, tomamos medicação para controlar a hipertensão. Não aproveitamos o tédio como uma oportunidade para contemplar; em vez disso, enchemos o vazio com novos e brilhantes *tablets*, aventurando-nos no vórtice digital. Não procuramos oportunidades para descobrir novos amigos para os nossos filhos; em vez disso, damos-lhes amigos virtuais como robôs de estimação e a Hello Barbie, a primeira boneca ligada a um cérebro na nuvem e que fala com os seus filhos como uma pessoa real[83]. É muito mais fácil!

Visto neste contexto, poderiam os assistentes digitais inteligentes (ADI), como o Amazon Echo ou a Página Inicial do Google, tornar-se motores de abdicação?

No caso da segurança social, como discutido acima, esta

compulsão para a abdicação pode levar funcionários governamentais a abdicar das suas responsabilidades para com o sistema. Por exemplo, vamos supor que este imaginário SocSecBot começa gradualmente a assumir as tarefas humanas porque é 90% mais barato e 1000% mais rápido. Mesmo que esteja apenas 90% correcto, há a possibilidade de os governos dizerem: «Mesmo assim, é muito melhor.»

Agravamento

A próxima etapa desta espiral descendente pode muito bem ser o agravamento para os poucos fornecedores de serviços humanos restantes e para os utilizadores e clientes do sistema. A frustração seria enorme, mas poderíamos fazer muito pouco porque o sistema seria infinitamente mais rápido, eficiente e escalável. As frustrações poderiam ser resolvidas, mas, dada a esmagadora presença do sistema em todos os aspectos da nossa vida, a possibilidade de deixar de usá-lo seria quase nula. Novamente, o Facebook é o melhor exemplo actual: apesar de ir piorando seriamente para obter um fluxo constante de actualizações constantes de estado de pessoas de que mal nos lembramos, ainda não queremos arriscar desligarmo-nos daqueles que realmente nos interessam. Mais uma vez, a mera conveniência, poder e alcance da plataforma tornam impossível fazer algo em relação às funcionalidades que não nos interessam.

Abominação

Por último, lidar com pessoas num ambiente de segurança social apenas como números, como fontes de dados desmaterializadas, será seguramente uma abominação, uma perversão do propósito original de fornecer serviços humanos (leia-se: sociais) aos cidadãos humanos. Esta é a etapa final e algo deprimente dos cinco «A» a que se poderemos chegar se não tivermos em consideração as duas etapas seguintes (assentimento e abdicação) sempre que automatizamos alguma coisa.

Só podemos esperar que a automatização tecnologicamente bem implementada e bem concebida resulte em assentir menos e abdicar menos, apenas com um agravamento ocasional. No entanto, é isso que é assustador na automatização exponencial. Não vamos aperceber-nos de que perdemos o poder e controlo até esta ter atingido o ponto de viragem e nesse momento talvez já tenhamos perdido a capacidade de fazer algo.

Encontrar um equilíbrio

A questão é, novamente, encontrar o equilíbrio ideal: O que é que podemos automatizar que não substitua processos humanos inatos ou indispensáveis, conversas ou fluxos de que não devíamos tentar abdicar? Quando contacta um centro de atendimento telefónico para alterar a sua reserva de avião, precisa que o fornecedor de serviços mostre compreensão humana ou empatia? Na maioria dos casos, não precisa, mas em alguns casos precisa, por exemplo, numa questão de cortesia. Por isso, os centros de atendimento telefónico podem acabar por ser 90% automatizados nos próximos anos, mas em alguns casos ainda precisaremos de interacções humanas reais. Neste caso em particular, a automatização bem concebida e supervisionada por humanos é provavelmente uma evolução positiva, mas milhões de postos de trabalho desaparecerão, independentemente de como olharmos para a questão.

Levando este debate um pouco mais longe em direcção ao futuro... quando viajasse de avião, confiaria se se deparasse com numa cabina totalmente automatizada, sem piloto? Sentir-se-ia mais seguro se ainda houvesse um piloto humano? Quando lhe fosse diagnosticada uma doença, precisaria de «humanidade» e compaixão ou sentir-se-ia bem a ouvir uma máquina a informar dos factos e nada mais do que factos? Em casos como a gripe ou um problema do estômago, penso que um diagnóstico remoto facilitado pela automatização poderia ser útil e socialmente aceitável. No entanto, quando se tratasse de diagnosticar desafios complexos como sintomas de *stress*, asma ou diabetes, a mesma automatização tenderia seguramente a desumanizar os cuidados médicos.

Não se trata apenas de dizer sim ou não à automatização. Trata-se de obter respostas graduais e de adoptar uma abordagem de precaução em geral, de estabelecer um equilíbrio e de colocar, sempre, as preocupações humanas em primeiro lugar. A questão fundamental não é saber se ou como a tecnologia pode automatizar algo, mas qual a nossa percepção do resultado enquanto seres humanos e se a automatização poderia fomentar a prosperidade humana ou não. Trata-se de saber se estamos a torcer pela Equipa Humana ou pela Equipa Tecnológica.

Convidamos a automatização a entrar?

A par de todas as coisas que se estão a automatizar à nossa volta, há muitas que provavelmente se automatizarão dentro de nós, afectando como pensamos e o que sentimos. Pense, por exemplo, em como os algoritmos e o *software*, os ADI, os serviços de computação em nuvem com IA ou os robôs cada vez mais invadem o nosso quotidiano e em como alguns de nós já automatizámos a amizade através de redes sociais ou aplicações de mensagens.

Por exemplo, o que acontecerá à nossa inteligência colectiva, aos diálogos humanos através dos quais actualmente educamos, debatemos, discutimos, decidimos e concebemos as nossas sociedades e democracias? Como serão moldadas as nossas escolhas, se aquilo que vemos e ouvimos sobre cada um de nós for determinado exclusivamente por algoritmos projectados para prender a atenção do leitor ou da leitora e mostrar anúncios enquanto for possível, em vez de pessoas? E se estas ferramentas não forem controladas, supervisionadas ou reguladas publicamente...?

Seremos influenciados por máquinas e algoritmos propriedade

de um punhado de plataformas gigantes globais de internet e de grandes empresas de tecnologia? Tornar-se-ão «sistemas virtuais de administração de dopamina», programados para viciar e para afirmação positiva e concebidos para oferecer o máximo de resultados aos seus proprietários, anunciantes e outros «mineiros de dados» que só querem analisar e explorar as nossas informações pessoais?

Nomeadamente, o Google News[84] não é administrado por pessoas nem o chamado *feed* de notícias[85] do Facebook nem a aplicação de notícias do Baidu[86]. Quase invariavelmente, há alguma supervisão humana, mas os algoritmos fazem a maior parte do trabalho. Nestas empresas, poucas pessoas lidam com conteúdos no sentido jornalístico tradicional do termo. Em vez disso, concentram-se na criação de algoritmos e *software* cada vez mais inteligentes para fazer face a cada novo requisito. Não é de admirar, portanto, que o *slogan* de Marc Andreessen, «o *software* está a invadir o mundo», tenha mudado para «o Facebook está a invadir a internet»[87]. E o Facebook não prevê invadir com pessoas! Além de programadores, engenheiros e investigadores de IA, quer contratar o menor número possível de pessoas para gerir os seus clientes humanos reais.

Talvez muito em breve, o *software* não deixe apenas de «invadir o mundo», mas comece progressivamente a «iludir o mundo». Já me sinto um pouco enganado ou, antes, manipulado, ao olhar para o meu *feed* de notícias do Facebook, porque não posso confiar nele como confiaria no *The New York Times,* no *The Economist,* no *Der Spiegel* ou no *The Guardian;* o seu único objetivo é criar vantagens para si mesmo. Não é um meio de comunicação social, é um meio de ilusão social e, muito embora tenhamos consciência disso, não conseguimos escapar-lhe.

Nem todas as empresas, no entanto, enveredam por esta rua de sentido único. O Mashable conta que a Apple está a envidar esforços consideráveis na gestão humana das suas aplicações de notícias, recomendações de música e serviços de listas de reprodução, mas é certamente a excepção, não a regra[88].

A automatização está a explodir porque é perfeitamente claro que os seres humanos são caros, lentos e frequentemente ineficazes, ao passo que as máquinas são baratas, rápidas, ultra-eficientes e estão a tornar-se ainda mais assim de forma exponencial. E não podemos sobrestimar até onde nos podem conduzir nos próximos dez anos. Enquanto a produtividade explode, parece inevitável que o emprego humano tal como o conhecemos diminua drasticamente. Temos a certeza que teremos profissões no futuro, mas o mais provável é que não sejam necessariamente para ganhar a vida.

Começa igualmente a ser muito provável que, nessas plataformas totalmente automatizadas de *media* e notícias, deixemos de ver coisas que alguém, possivelmente mais conhecedor, acharia que devíamos ver. Em vez disso, os conteúdos serão seleccionados por um *bot*, uma IA a facilitar o que devemos ver com base nas centenas de milhões de «migalhas», que inadvertidamente deixamos cair, de factos e dados analisados em tempo real. O risco óbvio é que esses serviços se tornem gradualmente desprovidos de noções humanas como valores, moral, ética, emoções, arte ou mesmo os princípios algo efémeros das histórias e lendas humanas. Claro, os *bots* e as IA também serão capazes de compreender as nossas emoções e sentimentos num futuro muito próximo e acabarão por conseguir simular também essas emoções e capacidades narrativas, mas não acredito que alcancem um estado verdadeiramente humano.

Não estou a ser nostálgico de uma era dourada do jornal impresso, ainda mais quando eram e são pouco práticos, frequentemente monopolistas, corrompidos ou enganosos. No entanto, em muitos casos, os escritores e editores eram pessoas cujo trabalho foi saber mais do que nós, jornalistas que conseguiam ver o contexto mais amplo e determinar a sua relevância. A sua missão era incidir unicamente sobre o que devia ver o público, por mais subjectivo que isso fosse.

Claramente, o fiasco das armas de destruição em massa do Iraque, apresentado pela *Fox News* e similares, mostrou que os canais e correspondentes humanos também podem ser enganosos e comprometidos. Não obstante, pelo menos tivemos a oportunidade de compreender o quê e quem estava por trás da história e de os questionar. Não creio que haja essa possibilidade com *bots* jornalistas. Disto tenho a certeza: nem saberíamos como questioná-los.

Outra consequência dos *feeds* de notícias automatizados é que deixaremos de ver ou ouvir os mesmos conteúdos que as pessoas que nos rodeiam vêem e ouvem — a nossa família, cônjuges, amigos e colegas. Os seus *feeds* serão personalizados a 100% e provavelmente completamente diferentes dos nossos. Estamos finalmente a atingir o ponto em que temos capacidade computacional suficiente para personalizar todos os *feeds* de acordo com os seus dados totalmente personalizados.

Estaremos a impulsionar o frequentemente criticado problema da «bolha de filtro da internet», criando câmaras de ressonância de pessoas com personalidades semelhantes cujos algoritmos foram reunidos para que tivéssemos a experiência mais agradável possível? Como ficará o conceito de confirmação enviesada? Terão em consideração essas questões, os prestadores de tais algoritmos de conteúdo gigantesco, como a Google e o Facebook? Ou serão as preocupações humanas sobre filtragem, manipulação e vieses a última coisa na lista de prioridades desses fornecedores de notícias?

«Bem... é sempre bom ter ética; mas simplesmente não temos tempo nem recursos para isso agora», é o que ouço em muitas empresas quando discutimos esta questão. Creio que se trata de um erro crasso porque receio que uma sociedade com um infinito poder tecnológico e nenhuma ética esteja condenada.

Pensemos neste tipo de *bot* de notícias ou IA de *media* a passar das notícias *on-line* para a televisão, o que muito provavelmente acontecerá. Imagine o cenário: telejornais personalizados para cada um de nós através da distribuição de conteúdos audiovisuais em linha, em vez de radiodifusão terrestre ou por cabo; a CNN ou as notícias da televisão pública na Europa a substituir a transferência vídeo em contínuo do Twitter ou o *feed* de vídeos do Facebook; aplicações, *bots* e agentes digitais inteligentes a «matar» a televisão por cabo e a radiodifusão tradicional como as conhecemos. Em menos de dez anos, a televisão e a internet terão convergido completamente, tornando perfeitamente possível inverter a forma como consumimos os *media*. E sim, também há muitos pontos positivos na tendência global dos *media* OTT, portanto não vamos deitar tudo a perder!

Se, como o irreverente editor executivo e fundador da *Wired*, Kevin Kelly, disse uma vez, «as máquinas são para respostas e os seres humanos para perguntas»[89], então até onde iremos com as máquinas nos meios de comunicação social, nos conteúdos e na informação? Construirão apenas uma paisagem de respostas, elegantemente falsa ou simulada, filtrando todas as perguntas que devíamos ou teríamos colocado se tivesse havido espaço de manobra ou espaço vazio para a contemplação?

«Os computadores são inúteis. Só sabem dar-nos respostas.» — PABLO PICASSO[90]

Na minha opinião, distinguimo-nos por traços exclusivamente humanos, como a capacidade de fazer perguntas, de imaginar que algo poderia ser diferente, de sermos críticos, de ver as coisas de diferentes ângulos, de ler nas entrelinhas e de ver o que ainda não existe. E não é isso que devem fazer os conteúdos e meios de comunicação incríveis e as pessoas por trás deles?

Temo pelo momento em que todos estes traços se percam porque as máquinas de cada plataforma programam aquilo que vemos e quem vemos individualmente, sempre. Depois, pouco a pouco, poderemos abdicar completamente da nossa consciência e externalizar a nossa humanidade. E poderemos estar a viver numa espécie de realidade programada antes de o sabermos, gerida por aqueles que detêm os programas e os servidores.

«Os seres humanos são os órgãos reprodutivos da tecnologia.» — KEVIN KELLY, *What Technology Wants*[91]

Se os *bots* e as IA já pensam e agem cada vez mais em nosso nome, o que aconteceria com o próprio processo de tomada de decisões? Se muitas decisões aparentemente triviais, como que filme vou ver hoje à noite ou que comida compro, forem efectivamente tomadas por *software* e agentes inteligentes, o que acontecerá à surpresa, ao mistério, ao erro e à sorte? Poderiam programar-se estes assistentes digitais inteligentes para serem humanos, ou seja, aleatórios, individuais, imperfeitos e tendenciosos... e ainda assim gerar resultados? E quereríamos isso?

Votariam por nós e representar-nos-iam em importantes funções democráticas como referendos ou mesmo parlamentos nacionais? Reuniriam os factos e usá-los-iam depois para nos aconselhar sobre a orientação do nosso voto, baseados no nosso histórico de opiniões, comportamentos e escolhas?

Tornar-se-á a livre vontade uma coisa do passado porque virtualmente tudo pode ser previsto?

«Se pensarmos bem, percebemos que não há livre-arbítrio em nada que criamos com inteligência artificial...» — CLYDE DESOUZA[92]

Os buracos de minhoca vão governar o mundo?

À medida que a tecnologia nos permite mergulhar mais profundamente no seu buraco de minhoca, existe um perigo significativo naquilo que a automatização exponencial nos tem vindo a ensinar: podemos atalhar quase tudo aplicando-lhe grandes conjuntos de dados, IA e robótica. Não precisamos dessas «coisas humanas» laboriosas, lentas e entediantes.

Primeiro, nas minhas mãos, depois no meu rosto, nos meus ouvidos e, finalmente, dentro da minha cabeça. As crianças já não precisam de aprender a escrever porque os computadores irão ouvir, gravar e transcrever tudo o que lhes dizemos. Para quê lidar com a complexidade dos relacionamentos humanos da vida real se posso ter relações românticas e até mesmo sexo com os seus equivalentes digitais, usando a realidade aumentada, a realidade virtual e robôs. Não há necessidade de aprender a tocar um instrumento porque a minha interface cérebro-computador (ICC) vai permitir que componha música apenas com o pensamento. Não é preciso aprender línguas porque a minha *app* de tradução está sempre pronta a ajudar. Não preciso de falar com as pessoas pois basta-me descarregar uma memória de dados sobre elas. Para quê emoções humanas que me fazem sabotar constantemente o bom trabalho da IA?

Com a automatização, podemos reduzir agora todo o esforço que era necessário para fazer muitas coisas humanas de forma rotineira e obter os mesmos resultados instantaneamente (pelo menos é essa a ideia). Podemos ler milhares de *feeds* do Twitter e ver os melhores segmentos de centenas de vídeos do YouTube sobre qualquer tema e aparentemente ficamos especialistas num abrir e fechar de olhos. Podemos aprender tudo e mais alguma coisa «quando é necessário» em vez de «caso seja necessário». Só precisamos dos dados certos e do programa certo.

Fluímos juntamente com os dados, em vez de fazermos *download* e memorizarmos o conhecimento.

De certa forma, podemos tornar-nos sobre-humanos. Ou não?

Chamo a este tipo de conceitos *wormholing* porque, tal como um buraco de minhoca no cosmos, um atalho imaginário através do espaço e do tempo (onde entramos via dobra espacial, fãs do *Caminho das Estrelas*), eles representam o ignorar todas as coisas humanas entediantes e atingir o objectivo muito mais rapidamente usando a tecnologia.

Mas lembre-se: não será lá muito humano fazer demasiado *wormholing,* ou, já agora, fazer *wormholing* de todo, porque vai exigir, pelo menos parcialmente, que nos tornemos máquinas. O psicólogo Daniel Kahneman, laureado com o Prémio Nobel, salienta repetidamente que «a cognição é materializada: pensamos com o corpo e não com o cérebro»[93]. Temos de compreender e aceitar que a humanidade que nos caracteriza é uma experiência holística; que a aprendizagem é interdependente de muitos factores e não apenas de *feeds* de dados; que as revelações e concretizações realmente importantes acontecem em conversas e não num fluxo de cliques de rato, embora estes também possam ser úteis. Por outras palavras, se removermos o processo do resultado, não obteremos os mesmos resultados: fomos iludidos pelo *software*.

> «*Os relacionamentos humanos são ricos e confusos e exigentes. E aperfeiçoamo-los com a tecnologia. Mensagens de texto, e-mail, publicações, tudo isto permite-nos apresentar o nosso ser como queremos ser. Podemos editar e isso significa que podemos eliminar e retocar o rosto, a voz, a carne, o corpo — nem muito nem pouco, simplesmente a medida certa.*» — SHERRY TURKLE[94]

Se removermos todos esses comportamentos humanos entediantes, e o esforço que exigem, como a discussão, a reflexão e as emoções, que repercussões se fariam sentir na nossa humanidade colectiva? Tornar-nos-íamos completamente dependentes desses buracos de minhoca e dobras espaciais, independentemente do facto de que tudo o que conseguem fazer é simular uma experiência humana? Uma vez que as megamudanças (ver capítulo 3) funcionam em conjunto de forma exponencial e combinatória, estamos perante um enorme desafio: aumentar a digitalização, a automatização e a virtualização conduzirá a ainda mais automatização. Isto porque assim que uma única etapa do processo for automatizada, todas as outras serão forçadas a fazer o mesmo. A automatização de uma etapa comanda a próxima e a automatização de todo um processo desencadeia uma reacção em cadeia nas etapas que lhe estão ligadas. A lógica não pode ser interrompida porque o sistema tentaria contorná-la.

Resultado: ao automatizarmos as notícias e a informação, as compras e o comércio, as decisões financeiras e os cuidados médicos, acabaremos por ter de automatizar-nos a nós próprios para não perturbar demasiado o sistema.

Seja o nosso computador, o nosso *smartphone*, o nosso assistente digital inteligente ou as nossas IA, se permitirmos que as ferramentas se tornem o nosso propósito, levando-nos a abdicar e a delegar nelas todo o poder, estaremos a um passo de nos tornarmos dispensáveis porque, como humanos que somos, daremos péssimas máquinas.

«O argumento mais forte para uma IA avançada precisar de um corpo será a sua fase de aprendizagem e desenvolvimento — os cientistas poderão vir a descobrir que não é possível 'cultivar' uma IA forte sem algum tipo de corpo.» — JAMES BARRAT, *Our Final Invention*[95]

Então como podemos estabelecer os limites entre a automatização e o que pode ser considerado um passo demasiado grande em direcção ao buraco de minhoca? Para já, deixo aqui alguns exemplos do que deveria e poderia ser automatizado:

Contabilidade, arquivo e administração financeira
Segurança de aeroportos
Gestão de agenda — agendamento de compromissos e reuniões
Outras tarefas de rotina que não envolvam a tomada humana de decisões

As actividades que considero que não devem ser automatizadas (supondo que poderíamos fazê-lo) poderão incluir:

- Meios de comunicação social e notícias públicas
- Mensagens para os nossos contactos pessoais
- Gostos e afirmações nas redes sociais
- Amizade (como o «seguir automático» do Twitter)
- Contratar ou despedir pessoas
- Escolha de parceiros e início de relações
- Democracia (como assinar petições *on-line* em vez de sermos politicamente activos e activas)

- Alteração do genoma humano
- Dar à luz

Recordo que a melhor definição de «automatizar» é, literalmente, «acto de si, agir imprudentemente»[96]. Claramente, existem inúmeras tarefas, acções e actividades onde a automatização acrescenta valor e vantagens para todos. Depois, há aquelas automatizações que trazem benefícios a muitos, aquelas que beneficiam apenas alguns e, finalmente, aquelas que trazem desvantagens praticamente a todos, a longo prazo. Em *A Máquina do Tempo,* H. G. Wells imaginou um futuro acentuadamente dividido entre Morlocks selvagens e a ineficaz, mas ainda assim, elite dos Eloi[97]. Mesmo que consigamos escapar ao destino dos Morlocks, quão soberanos ou heróicos nos sentiremos como Eloi, um passivo *software* de carne e osso com domínio tutelar?

Capítulo 5
A Internet das Coisas não humanas

Será que a Internet das Coisas não humanas não vai implicar, primeiro gradualmente e depois subitamente, renunciar à nossa humanidade, tornando-nos cada vez mais mecanicistas apenas para continuarmos a ser relevantes.

Como discutido anteriormente, uma combinação de desenvolvimentos tecnológicos está a impulsionar o aparecimento da Internet das Coisas (IdC), também descrita pela Cisco como «Internet de Tudo» e por outros, como a GE, como «Internet Industrial».

A promessa é simples: quando tudo estiver ligado e os dados a ser recolhidos em todos os lugares, a todo o instante, seremos capazes de descobrir novas verdades e até mesmo prever e prevenir acontecimentos. O especialista em privacidade e segurança, Bruce Schneier, chama a esse cérebro artificial-na-nuvem de dispositivos, sensores, *hardware* e processos interligados «Web do Tamanho do Mundo»[98]. Com efeito, esta pode muito bem abrir uma nova era de optimização e hipereficiência, mas o que acontecerá às interacções humanas?

A IdC promete uma grande economia de custos num futuro de maior sustentabilidade numa economia circular, onde todos os recursos são reutilizados, reparados ou reciclados após o consumo inicial e o desperdício é efectivamente eliminado[99]. A IdC é activada através da incorporação de sensores em cada objecto, ligando praticamente tudo e todos. Em seguida, ao implantar a Inteligência Artificial (IA) e a análise preditiva, a ideia é atingir uma meta-inteligência através de uma capacidade exponencialmente melhor de ler, compreender e aplicar dados.

As minhas conversas com defensores da IdC em todo o mundo sugerem que, se a promessa se cumprir, poderíamos obter economias de 30 a 50% em custos de logística global e transportes marítimos; 30 a 70% em custos de mobilidade pessoal e transporte; 40 a 50% em despesas de energia, aquecimento e ar condicionado, e isso seria apenas o começo.

As vantagens económicas potenciais dessa conectividade são extremamente atraentes: a IdC é verdadeiramente um gigantesco empreendimento e irá certamente ofuscar a «internet dos seres humanos + computadores».

«Nada grandioso entra na vida dos mortais sem uma maldição.» — SÓFOCLES[100]

A IdC tenderá a ser mais potente em ordens de magnitude do que a internet humana de hoje e, consequentemente, infinitamente mais susceptível de acarretar consequências indesejadas. O resultado da implantação global da IdC pode ser o paraíso ou o inferno, mas, de qualquer forma, a rota dessa viagem está a ser calibrada neste momento.

A IdC pode transformar-nos em coisas?

Já temos efeitos colaterais negativos suficientes da internet hoje em dia. Vamos assumir que as consequências involuntárias da vigilância, da perda de privacidade e da «obesidade digital» não foram, de facto, intencionais. Confrontados com a aceitação global da IdC, devemos realmente começar a questionar-nos sobre quanto mais poder (acesso aos nossos dados e as IA para processá-los) queremos dar aos fornecedores destas soluções, ferramentas, motores e plataformas. Temos também de perguntar como é que essas protecções podem ser realizadas sem acordos globais, sanções eficazes, auto-regulação e supervisão independente.

As principais plataformas, provedores de serviços na nuvem e outras empresas de tecnologia sediados nos EUA parecem já não ser capazes de impedir a NSA, o FBI e outros organismos de analisar todos os nossos dados e dispositivos. Assim, como será daqui a cinco, sete anos, quando tivermos mais de 200 mil milhões de dispositivos ligados?

Na sua versão mais sombria, a IdC poderá ser o clímax das máquinas inteligentes, o sistema operativo (OS) de espionagem mais perfeito alguma vez concebido, a maior rede de vigilância em tempo real alguma vez arquitectada, impondo total obediência aos humanos e aniquilando quaisquer vestígios de anonimato[101].

Imagine um mundo, não muito distante, onde:
- O seu carro ligado à rede transmite todos os dados em tempo real, incluindo a localização e todos os movimentos do condutor.
- Todos os seus pagamentos estão ligados a dispositivos inteligentes, e o dinheiro, as carteiras e os cartões de crédito serão uma coisa do passado.
- O seu médico pode facilmente saber quantas vezes deixou a cadeira e andou esta semana e qual o seu ritmo cardíaco enquanto dormia no avião.
- Os seus cérebros externos (também conhecidos por dispositivos móveis...) estão agora ligados directamente ao seu cérebro *wetware* por meio de dispositivos portáveis, interfaces cérebro-computador (ICC) ou implantes.
- Tudo e todos passam a ser sinalizadores de dados, gerando milhares de *gigabytes* por dia, recolhidos, filtrados e analisados na nuvem por exércitos de Watsons da IBM e de DeepMinds da Google a usar os seus cérebros famintos e autodidactas de IA global a cada segundo.

Provavelmente, a Humanidade seria ultrapassada a cada passo pela eficiência e acabaríamos a ser governados por um gigantesco

OS que aprende autonomamente e se alimenta literalmente do que produzimos até essa contribuição deixar de ser necessária. Aí, tornar-nos-íamos menos valiosos do que a tecnologia que criámos e alimentámos.

A soberania inata que definiu a Humanidade durante dezenas de milhares de anos ficará finalmente comprometida; não por qualquer criatura externa ou visitantes alienígenas, mas pelos protagonistas da tecnologia e suas agendas de hipermecanização.

Se actualmente não conseguimos sequer chegar a acordo sobre as regras e a ética de uma internet de pessoas e respectivos dispositivos de computação, como chegaremos a acordo sobre algo potencialmente mil vezes mais vasto? Não deveríamos estar mais preocupados sobre continuar com este processo só porque podemos?

Quem é que controla?

Hoje temos normas, orientações, acordos e tratados sobre o que é permitido em biotecnologia e bioengenharia, como as directrizes de Asilomar, de 1975, sobre o ADN recombinante[102]. Também temos tratados de não-proliferação nuclear. Contudo, não existem ainda quaisquer acordos ou tratados semelhantes para dados e informações — o petróleo da Era Digital. Não obstante o facto de os dados estarem a tornar-se rapidamente no mais poderoso impulsionador económico, ainda não temos um tratado global sobre o que é permitido relativamente aos dados pessoais dos 3,4 mil milhões de utilizadores de internet[103], ou um tratado sobre a computação cognitiva ou a inteligência artificial geral. Com excepção das armas nucleares, no curso da história humana raramente se arriscou tanto a tal velocidade com tão pouca reflexão. Com efeito, o aumento exponencial da utilização de dados, e agora das IA, em breve rivalizará com o impacto das armas nucleares. No entanto, a IA continua a ser uma grande área não regulamentada.

Quem garantirá as boas práticas das empresas líderes de dados e IA? Quem se certificará das boas práticas das entidades que gerem a IdC novinha em folha? E que boas práticas são essas e quem as define? Conseguiremos distinguir sequer o certo do errado?

Andrórritmos e o princípio da precaução

O que impedirá os novos senhores do Universo de transformar não apenas processos e *hardware* em dados, mas também seres humanos em coisas, quer involuntária quer voluntariamente? O entusiasmo do sector da tecnologia com a IdC e, não obstante, os seus benefícios óbvios é algo que devemos encarar com extrema cautela e reflexão.

Temos de ir inserindo equilíbrios que assegurem um processo de desenvolvimento verdadeiramente humano, amenizando cada etapa de avanço exponencial da tecnologia com questões humanas, sabotando os 0 e os 1 que começam a dominar a nossa vida.

Sugiro humildemente que apliquemos uma versão actualizada do princípio da precaução (ver capítulo 8) àqueles que visam potenciar e oferecer as bênçãos da IdC: o ónus de provar e garantir que a IdC não prejudicará os seus utilizadores deve ser colocado nas entidades que detêm o poder e apenas depois de essa responsabilidade ser garantida devemos avançar. Ao mesmo tempo, deveríamos acolher igualmente abordagens proactivas e não sufocar a inovação.

Já não é uma questão de «ou isto ou aquilo», nem de simplesmente combinar estas estratégias: os *Homo sapiens* estão agora em território completamente desconhecido, 70 anos após lançar a energia nuclear sobre a Terra numa experiência militar e decisão política ainda controversas. Sem nenhuma nova guerra mundial que justifique ou desculpe a nossa precipitada fuga para a «terra dos grandes dados», continuamos como se todas as escolhas se mantivessem eternamente disponíveis. A Internet das Coisas não humanas poderá cercar a nossa humanidade e alterar a

5 : A INTERNET DAS COISAS NÃO HUMANAS

sua essência fundamental, tal como conceder omnipotência divina a quem a possuir. Devemos ser cuidadosos e permanecer proactivos, mas estas já não podem ser duas agendas separadas, de duas tribos separadas.

Capítulo 6
De bestial a besta: a dependência digital

No nosso delírio de eterna lua-de-mel que é a tecnologia, devíamos lembrar-nos do preço a pagar amanhã e sempre.

Em 1961, um dos padrinhos do futurismo e uma grande influência no meu próprio trabalho, Arthur C. Clarke, proferiu uma frase famosa: «Qualquer tecnologia suficientemente avançada é indistinguível de magia.»[104] Actualmente, como destacado nos capítulos anteriores, começamos a ver o que Clarke previu com esta profética declaração: encontramo-nos no meio de uma verdadeira explosão mágica — a ciência e a tecnologia proporcionam avanços que ultrapassam a nossa imaginação.

Os efeitos mágicos da tecnologia tornaram-se num assunto do dia, comercialmente, economicamente e socialmente, impulsionando a ascensão meteórica e o sucesso na bolsa de empresas como a Google, a Apple, o Facebook, a Amazon, a Baidu, a Tencent e a Alibaba. A magia tecnológica é também o motor e facilitador-chave de empresas unicórnio e decacórnio, predominantemente americanas e chinesas — empresas como a Baidu, a Dropbox, a Uber e a Airbnb que entraram recentemente em cena.

Quando a Google se lançou pela primeira vez, em 1998, encontrar o resultado perfeito para a pesquisa «voos baratos para Londres» foi considerado uma espécie de magia. Assim como poder encomendar qualquer livro, em qualquer lugar do mundo e recebê-lo em casa passados alguns dias. A vaga de inovação

6 : DE BESTIAL A BESTA: A DEPENDÊNCIA DIGITAL

seguinte foi marcada pelo aparecimento de plataformas de entretenimento mágicas, legais e de custo muito baixo, como o Netflix, o Hulu, o ViaPlay, o Spotify e o YouTube, alterando a forma como consumíamos *media* — e se, ou quanto, pagamos por isso — para sempre.

Os momentos mágicos estão agora em toda a parte. Basta activar a aplicação Shazam e direccionar o seu *smartphone* para qualquer fonte de música. A Shazam identifica a música que está a ser reproduzida e liga o leitor ou a leitora a qualquer plataforma de música digital que esteja a usar, guardando a música para ouvir ou partilhar mais tarde. O simples desafio de identificar ou descobrir novas músicas costumava ser infinitamente mais complicado. Agora é mais fácil do que fazer uma chamada.

Para a maior parte, os dispositivos móveis e as aplicações são, evidentemente, a manifestação principal da magia tecnológica: Parece que «há (ou deve haver) uma aplicação para isso» se tornou uma espécie de resposta-padrão para praticamente qualquer desafio que enfrentemos na nossa vida diária, desde que ligados à internet de banda larga móvel, com um dispositivo móvel potente (o que acontece quase sempre).

Só na *appstore* da Apple, é possível usar dezenas de milhares de aplicações para editar as suas imagens e centenas para namorar. Há inúmeras aplicações para agendas e compromissos, aplicações que ajudam as pessoas a divorciar-se, vários e muito úteis serviços de notificações de fraldas a precisar de ser mudadas (como o Tweetpee), numerosas aplicações que lhe permitem praticar vudu remotamente e, a mais importante de todas, todo o tipo de simuladores de gases! Em todo o mundo, é a magia que impulsiona a tecnologia, que estimula o sector dos dispositivos móveis e é a razão pela qual um *smartphone* é agora mais importante do que um computador. A pirâmide da hierarquia de necessidades de Maslow também se alterou em conformidade: a par das necessidades básicas como comida, bebida, roupa e abrigo, temos agora de incluir dispositivos móveis, *smartphones* e ligação *wi-fi,* muitas vezes em posições mais elevadas do que o sexo, a amizade ou o prestígio! Num futuro não muito distante, parece inevitável adicionar também os assistentes digitais inteligentes (ADI) a essa hierarquia.

Com o advento da Internet das Coisas (IdC), os veículos autónomos (automóveis com condução automática), a Inteligência Artificial (IA), os assistentes inteligentes e até mesmo as coisas e processos do dia-a-dia vão adquirir poderes mágicos. Por exemplo, a Libelium, um dos principais fornecedores de magia B2B [comércio electrónico entre empresas], pretende dar vida ao mundo ao criar agricultura inteligente, cidades inteligentes e energia inteligente[105]. Fá-lo implementando vastas redes de sensores e tornando praticamente qualquer dispositivo ou pedaço de *hardware* «burro» em inteligente, seja um tractor num terreno ou uma árvore no parque.

Com as soluções inteligentes, cada gasoduto «sabe» a temperatura, quanto gás flui através dele, o ruído lá fora e muito mais. Cada candeeiro de rua «sabe» quantos carros e pessoas passam por ele, que endereços MAC Bluetooth costumam aparecer ou o nível de poluição. É só dizer e o ambiente inteligente identifica-o e mede-o. Tendo em conta o retorno potencial, não é de estranhar que todas as empresas de tecnologia estejam a investir grandemente na IdC.

A magia está pronta para impulsionar uma escala e uma velocidade de adopção da tecnologia para lá das previsões mais mirabolantes. O iPhone é (era?) magia. Na verdade, para um bom número de pessoas foi outrora a definição de magia. O iPad é magia, a realidade aumentada (RA) e a realidade virtual (RV) são magia (2016 marca o aumento, gradual e depois repentino, de ambas), os carros da Tesla são magia, os HoloLens da Microsoft são magia... surgem novos tipos de magia a cada minuto.

Fundamentalmente, os custos de toda esta magia estão a diminuir. Este aspecto é muito importante porque, um pouco como as drogas ilegais, o preço e a grande disponibilidade de uma oferta mágica têm sempre impacto material sobre o ritmo e profundidade com que penetra no mercado. Daqui a cinco anos, a magia que costumava ser muitíssimo cara, como a análise do genoma humano ou talvez mesmo alguma forma de supercomputação, será ao preço da chuva. Imagine as repercussões no nosso estilo de vida: um reino mágico pessoal disponível para cada um de nós. Todos os problemas resolvidos pela tecnologia. Tornarmo-nos deuses.

Humanos mágicos — inteligência integrada

A magia tecnológica começa agora a transcender o domínio do *hardware* e das coisas. Já não se trata apenas de dispositivos, *gadgets*, serviços ou conectividade. Gradualmente, vai sendo sobre nós, os nossos corpos as nossas mentes, a nossa humanidade.

Um grande número de investigadores tem apresentado recentemente evidências sobre a forma como a internet, e em especial a magia das redes sociais, nos fazem ter efectivamente reacções físicas muito reais[106]. Descobriram que as endorfinas e a dopamina fluem no nosso corpo porque um qualquer desconhecido a milhares de quilómetros de distância «gostou» da nossa publicação ou publicou um comentário que nos fez sentir valorizados e apreciados. Aparentemente, trata-se de uma resposta biológica predefinida que ocorre sem esforço, pode não estar sujeita a um controlo consciente e parece ser um dos motivos pelos quais muitas das redes sociais se estão a tornar mais valiosas do que muitas lojas ou sítios de comércio electrónico. Facilitar este tipo de armadilha hedonista é o ingrediente principal da receita secreta das grandes redes sociais[107]. E é uma das principais razões por que, em Janeiro de 2016, eu próprio considerei seriamente reduzir a minha actividade no Facebook. Ser manipulado emocional e intelectualmente pelos seus algoritmos parecia um caminho demasiado confortável em direcção a um estranho tipo de desumanidade. No entanto, seis semanas depois, percebi que não me podia dar ao luxo de ignorar que o Facebook gera 60% do tráfego dos meus *sites*, e daí ser um desafio que necessita ainda de reflexão. Por agora, continuo a publicar coisas, mas deixei de usar o Facebook como fonte de notícias ou como meio de comunicação.

Para além do papel óbvio da magia nas redes sociais, a magia-pela-tecnologia é cada vez mais o impulsionador universal da adopção rápida porque mexe connosco e com os nossos sentidos. Quando revemos os vídeos das nossas GoPro da viagem de bicicleta de montanha no Arizona, sentimos esse formigueiro mágico na barriga. A magia do WhatsApp permite-nos a ligação imediata e gratuita aos nossos entes queridos, em qualquer lugar do globo, e partilhar todos esses momentos mágicos com eles.

Então qual é o problema?

Tem razão. Muitas dessas tecnologias são geralmente bem-vindas e é claro que eu próprio gosto de as usar com bastante frequência. A dependência da tecnologia, o uso excessivo e a estranheza social têm sido preocupações nos últimos anos, mas principalmente como questões benignas ou algo frequentemente atribuído a vários tipos de retrógrados ou antiprogressistas, pessoas «fora de linha» e promotores de *detox* digital. Perguntam-me frequentemente qual é o problema e por que razão demasiada magia tecnológica é uma questão, por isso permitam-me partilhar em seguida algumas ideias.

A tecnologia exponencial em breve desencadeará uma cadeia de «desafios do tipo bomba atómica»

Acredito que nos encontramos exactamente no ponto de inflexão desta curva exponencial de desenvolvimento tecnológico, o que representa um momento de viragem na nossa história. Em alguns aspectos, os nossos cientistas e tecnólogos estão numa situação semelhante à de Albert Einstein. Embora se considerasse um pacifista, em 1939-1940 instou o Presidente Roosevelt a acelerar a construção da bomba nuclear antes que os alemães o fizessem. Em 1941, Einstein contribuiu inadvertidamente para o desenvolvimento da bomba nuclear, ajudando Vannevar Bush a resolver alguns problemas matemáticos complexos que estavam a atrasar o programa nuclear dos EUA[108].

O historiador Doug Long observa:

O biógrafo de Einstein, Ronald Clark, afirmou que a bomba atómica teria sido inventada mesmo sem as cartas de Einstein, mas que sem os trabalhos iniciais dos americanos que resultaram das mesmas as bombas atómicas poderiam não ter ficado prontas para serem usadas, durante a guerra, contra o Japão.[109]

Em Novembro de 1954, cinco meses antes da sua morte, Einstein resumiu os seus sentimentos sobre o seu papel na criação da bomba atómica:

Cometi um grande erro na minha vida... quando assinei a carta ao Presidente Roosevelt a recomendar que construíssem bombas atómicas; mas havia uma justificação: o perigo de serem os alemães a fazê-lo.[110]

«*O espírito humano deve prevalecer sobre a tecnologia.*»
ALBERT EINSTEIN[111]

Argumentos análogos aos de Einstein em 1939 estão a ser apresentados para justificar a célere busca de tecnologias exponenciais com riscos altíssimos, como a inteligência artificial geral, a geoengenharia (o controlo do clima por meio de tecnologia), a implantação de sistemas de armas autónomos e a modificação genética humana. Os argumentos mais comuns que ouço são «Se não formos nós a fazê-lo, outros certamente o farão (e provavelmente um *outro* pernicioso) e ficaremos em desvantagem», «Com excepção de todos estes perigos, estas tecnologias vão fazer trazer muitas coisas boas e seríamos tolos se não as aproveitássemos», ou ainda «Não podemos simplesmente 'des-inventar' algo ou parar de inventar. Tentar criar algo, se de facto puder ser inventado, faz parte da natureza humana.»

A minha resposta é sempre a mesma: a tecnologia não é boa nem má; é, simplesmente. Temos de decidir e concordar, aqui e agora, sobre o que é exactamente uma utilização perniciosa.

No preciso momento em que lê estas linhas, estão a ser inventadas e testadas tecnologias ainda mais poderosas do que a energia nuclear ou do que as armas atómicas. O progresso acelerado parece inevitável e não será interrompido apenas por salientarmos a necessidade de aplicar o princípio da precaução, considerando todos aqueles que inventam uma nova tecnologia responsáveis por provar, *a priori,* a sua inocuidade (ver capítulo 8).

Creio que o principal desafio é este: como garantir que estes feitos tecnológicos inevitáveis permanecem 98% mágicos, são usados para fomentar a prosperidade humana colectiva e não cedem subitamente às forças do mal? Pense, por exemplo, em avanços como a edição genética que podem impedir o desenvolvimento do cancro. Agora imagine o uso potencial dos mesmos progressos para criar quimeras humano-animais, levando ao aumento dramático de ciborgues (seres humanos-máquinas) ou permitindo-nos autodeterminar o nosso património genético.

Estes esforços podem assemelhar-se muito à utilização da energia nuclear para desenvolver bombas atómicas, com várias «Hiroximas digitais» no horizonte provável.

Quais serão as orientações éticas? Concordamos sequer com algum tipo de fundamento ético, a nível global? Como vamos conseguir que todas as nações concordem definir ou restringir o lado obscuro do desenvolvimento tecnológico? Quem será encarregue de supervisionar as infracções e, em geral, como poderíamos evitar uma espiral letal no que o autor James Barrat chama «invenções derradeiras»[112]? É por isso que se impõe uma discussão séria sobre ética digital (ver capítulo 10).

6 : DE BESTIAL A BESTA: A DEPENDÊNCIA DIGITAL

O crescimento exponencial de dados, conectividade e informações são o novo petróleo do mundo digital, gerando mudanças dramáticas em todas as vertentes do nosso mundo. Como tal, cruzamos agora o limiar entre meros cálculos matemáticos ou código-máquina para capacidades semelhantes a um ataque nuclear.

> *«Um centímetro cúbico de circuitos de nanotubos, depois de plenamente desenvolvido, seria até cem milhões de vezes mais poderoso do que o cérebro humano.»* — RAY KURZWEIL, *Singularity is Near*[113]

A ciência e a tecnologia já nos dotaram de imenso poder. Nos próximos 20 a 30 anos veremos uma série de pontos de viragem na curva exponencial, como computação quântica em toda a parte e o advento da chamada Singularidade. À medida que avançarmos rapidamente na curva, seremos infinitamente mais poderosos e com capacidades inimagináveis. Parafraseando o que muitos terão dito ao longo da história, de Voltaire ao pai do Super-Homem: «Grande poder traz grandes responsabilidades.»[114]

Em primeiro lugar e acima de tudo, como pode o enorme poder das tecnologias exponenciais ser aproveitado para promover a felicidade humana? Como podemos garantir que um igual esforço é gasto em entendimentos, acordos e regras que nos vão proteger de resultados maníacos ou nocivos? Como definir os limites para a magia?

Bem-vindos à explosão mágica

Assim que o «quociente de magia» aumentar exponencialmente, os problemas, até agora latentes, de abuso ou mau uso de uma dada tecnologia vão agravar-se, talvez exponencialmente, mais uma vez, gradualmente e depois subitamente.

Embora me mantenha optimista sobre as nossas capacidades colectivas para canalizar o poder das tecnologias exponenciais, também me preocupa que em quase todos os casos de mudança exponencial e combinatória exista um risco real de que possamos passar, na magia, de bestial a besta, num breve espaço de tempo.

Por conseguinte, não podemos simplesmente perder tempo com má gestão nos tempos que correm. O desafio para a nossa humanidade perfila-se cada vez maior, o quociente de magia está prestes a explodir e o nosso lado maníaco nunca está longe.

A questão fundamental já não é se ou como, mas porquê?

Conforme vimos, encontramo-nos no ponto de viragem do progresso exponencial e combinatório, onde todo o bem-estar humano poderá ser ampliado ou grandemente diminuído pela tecnologia. Em breve, a questão já não será se ou como alguma magia tecnológica pode ser efectivamente alcançada. A resposta será quase sempre sim. As questões fulcrais emergentes são por que razão tal deve acontecer, quem será responsável ou quem deterá o controlo e o que isso pode significar para o futuro da Humanidade.

Para manter um ambiente que realmente promova a prosperidade humana, devemos pesar profundamente as consequências imprevistas e a inclusão por omissão de externalidades. Temos de começar a prestar atenção a efeitos colaterais e a externalidades que normalmente, e compreensivelmente, não fazem parte do modelo inicial de negócio *per se*, como avaliar os impactos no aquecimento global em resultado da nossa dependência dos combustíveis fósseis. Temos de acelerar a presença destas questões na agenda empresarial e tornar o pensamento holístico na abordagem-padrão.

Uma explosão mágica está iminente, à medida que a tecnologia se torna inimaginavelmente superpoderosa e super-rápida, transformando-nos em deuses. Em breve, os assistentes digitais inteligentes vão tornar-se — superinteligentes, omnipresentes, ao preço da chuva, invisíveis e incorporados em absolutamente tudo — incluindo nós próprios.

O ponto onde nos situamos actualmente é criticamente diferente das fases anteriores da tecnologia baseada na magia. Particularmente, os desenvolvimentos exponenciais e combinatórios disponibilizarão uma magia com tamanho, alcance e tipo diferentes de tudo o que alguma vez vimos ou imaginámos. Usar um motor de busca para encontrar um quarto de hotel com um bom preço é uma coisa, mas daí à viagem ser reservada totalmente por um sucessor dos actuais assistentes digitais inteligentes, como a Siri da Apple, a Cortana da Microsoft, o M do Facebook ou a Amelia da IPSoft, vai uma grande distância. A actual onda de assistentes digitais inteligentes parecerá o primeiro modelo *Ford T* comparado com os *Ferraris* e *Teslas* de hoje. Ainda não viram nada!

A tecnologia torna-se interna, separando-nos do mundo, afastando-nos, gradualmente, das experiências humanas

O motor de pesquisa tradicional usa uma ferramenta externa, como um martelo para construir uma casa, enquanto que um ADI deixa o martelo desenhar a própria casa. A tecnologia está a tornar-se semelhante ao nosso próprio cérebro, movendo-se dentro de nós. A distinção entre a ferramenta e nós está a desaparecer.

Já se deve ter apercebido da tendência de usar os assistentes digitais inteligentes para fazer o nosso trabalho. A Siri pode responder às nossas perguntas e imediatamente dirigir-nos para os recursos necessários, a Alexa pode encomendar livros e lê-los em voz alta e a Amelia pode reservar a nossa viagem. Os assistentes digitais inteligentes são as próximas aplicações e tornar-se-ão uma prática generalizada nos próximos anos. Agora imagine o grau de separação, de afastamento pessoal, de desqualificação e de abdicação geral que podemos enfrentar com os nossos assistentes hiperinteligentes, gratuitos e omnipresentes:

- Vão saber quem somos (e com isto quero dizer conhecer

verdadeiramente cada ponto de dados, cada comunicação, cada movimento e cada rasto de migalhas digital).
- Vão saber literalmente tudo sobre cada interesse, cada intenção e cada desejo, quer se trate de uma mera operação, de uma reunião ou de outra coisa qualquer.
- Serão capazes de falar com milhões de outros assistentes para criar um efeito de rede extremamente poderoso — um futuro cérebro global.
- Serão capazes de comunicar em nosso nome em mais de 50 línguas. E isso é só o começo.

«Digifrenia — *a forma como os nossos meios de comunicação social e tecnologias nos encorajam a estar em mais de um lugar ao mesmo tempo.*» — DOUGLAS RUSHKOFF, *O Choque Presente: Quando Tudo Acontece Agora*[115]

Não há dúvida de que a grande velocidade, potência, diversão e conveniência desses ADI será absolutamente irresistível e penso mesmo que conduzirá com toda a certeza à desqualificação e desprendimento emocional humano a uma escala gigantesca. Os assistentes digitais inteligentes começarão onde os *smartphones* pararam, trazendo a interface computacional para a esfera privada dos nossos pensamentos, da nossa antecipação e dos nossos comportamentos habituais. A partir daí, será apenas um salto até às interfaces cérebro-computador e à Humanidade híbrida.

Imagine, por exemplo, a impressão 3D: se pudéssemos imprimir uma refeição fantástica em segundos ainda cozinharíamos? Se tivéssemos um dispositivo de tradução instantânea, ainda aprenderíamos línguas? Se pudéssemos comandar um computador através das ondas cerebrais, ainda aprenderíamos a digitar? Se a necessidade é a mãe da invenção, será a escolha o pai da abdicação?

Ter a potência de um computador central dos anos 70 do tamanho de uma sala de estar na palma da mão, como acontece hoje com os iPhones e telemóveis Android, já é avassalador.

6 : DE BESTIAL A BESTA: A DEPENDÊNCIA DIGITAL

Imagine a potência quântica de um milhão desses dispositivos disponível na nuvem inteligente, espontaneamente através de comando de voz, gestos ou mesmo pensamento através de uma interface cérebro-computador (ICC).

À medida que esta explosão mágica acontece:

- Quase tudo será percebido ou definido como um serviço porque tudo é digitalizado, automatizado e dotado de inteligência. Isto terá um enorme impacto económico à medida que cria abundância progressivamente em quase todos os sectores da sociedade — primeiro na música, nos filmes e nos livros, depois nos transportes, dinheiro e serviços financeiros e, por fim, nos tratamentos médicos, alimentos e energia. Creio que a abundância poderá causar o colapso do capitalismo tal como o conhecemos e inaugurar uma era de pós-capitalismo ainda por definir.
- Nós, humanos, tornar-nos-emos extremamente poderosos e também extremamente dependentes dessas ferramentas, de tal forma que não funcionaremos sem elas, como de ar ou água se tratasse.
- Seremos constantemente tentados a reduzir ou a suprimir as idiossincrasias humanas como a contemplação ou a imaginação porque parecerão atrasar-nos (e aos outros também).
- Seremos alvos fáceis de manipulação e influência indevida por quem souber usar o sistema.
- Estaremos em vias de nos tornarmos máquinas para assim encaixarmos no mundo mecanizado.
- Tal como a biologia cedeu lugar à tecnologia, também os nossos sistemas biológicos se tornarão cada vez mais opcionais, substituíveis e, finalmente, mesmo residuais.
- Com a transformação da tecnologia na plataforma dominante do mundo, fornecendo facilmente e de forma ubíqua «a única verdade, segundo a tecnologia», as nossas culturas, símbolos herdados, comportamentos e rituais

poderão cair em desuso.

Evidentemente, a questão é saber se tais tecnologias exponenciais ainda continuariam a ser realmente ferramentas. Defendo que não, porque no caso de um martelo, ou mesmo no caso da electricidade ou da própria internet, ficaríamos efectivamente incomodados se a ferramenta já não estivesse disponível, mas, não obstante, seríamos capazes de viver. A electricidade e o acesso à internet não são tão importantes como o oxigénio ou a água, apenas melhoram consideravelmente as nossas vidas.

No entanto, à semelhança do oxigénio, muitas tecnologias exponenciais deixarão de ser consideradas ferramentas. Em vez disso, poderão em breve ser vistas como necessidades vitais, momento em que poderemos deixar de ser naturalmente ou inteiramente humanos. E é aqui que penso que devemos estabelecer o limite. É aqui que começamos a viagem para nos transformarmos nós mesmos em tecnologia porque esta será tão essencial como respirar. Creio que esta é uma linha que não devemos ultrapassar. Pelo menos não de forma involuntária ou por mero acaso. Embora possa ser razoável alguém transformar-se parcialmente em máquina devido a um acidente ou a uma doença, fazê-lo voluntariamente seria algo completamente diferente.

Imagine a vida depois de uma explosão mágica: novas ferramentas um milhão de vezes mais potentes do que as actuais, quase gratuitas, a qualquer hora e em qualquer lugar. Insondável. Irresistível. Viciante. Devemos apenas agarrar-nos a esse desenvolvimento e, como muitos tecnólogos sugerem, abraçar a inevitável e total convergência Homem-máquina, ou devemos assumir um papel mais proactivo e definir realmente o que fazemos ou não criamos?

Estaremos mesmo destinados a transformar-nos em tecnologia porque a magia vai finalmente entrar nos nossos corpos? Coloquemos algumas perguntas simples: quem desejaria ficar sem essa magia? Sentir-nos-íamos diminuídos ou inferiores se as nossas tecnologias mágicas estivessem ausentes ou indisponíveis? Sentir-nos-íamos limitados como se tivéssemos perdido subitamente a audição ou a visão? Aceitaríamos naturalmente essas tecnologias como extensões de nós mesmos, tal como fizéramos com os dispositivos móveis inteligentes? A nossa percepção do que somos, nós e os não nós (ou seja, ele/a ou eles/as) desvanecer-se-ia completamente? O que significaria esta mediatização total na nossa vivência do mundo? Nas nossas tomadas de decisão? No nosso mundo emocional?

Como reagiremos?

O que me preocupa é que já começámos a confundir a magia das ferramentas com o efeito aditivo da conectividade constante, da mediatização, da ecranização, da simulação e da virtualização. O bestial começa a tornar-se na besta: viciante, tentador, assediante, exigente. E o que irá acontecer quando o quociente de magia atingir os 1000, quando a tecnologia se tornar infinitamente mais poderosa, barata e inseparável de nós?

«*Primeiro construímos as ferramentas, depois elas constroem-nos a nós.*» — MARSHALL MCLUHAN[116]

Temo que estejamos a entrar num período de desenvolvimento exponencial que, se não for restringido, não poderá de todo culminar na felicidade humana, essa profunda ligação e contribuição humana definida por Aristóteles na *Ética a Eudemo* (ver capítulo 9). Receio que tal seria uma redução e não uma expansão do que somos: já não um fortalecimento, mas uma escravidão disfarçada de dom, um cavalo de Tróia de proporções verdadeiramente épicas.

De bestial a besta: a dependência digital

Como é cada vez mais evidente, a transição de bestial a besta pode ser bastante rápida e com consequências dramáticas, prejudiciais e indesejadas. Imagine este cenário por um momento: o prazer e a magia de partilhar facilmente fotografias de férias em família através do Flickr são óbvios para centenas de milhões de pessoas. De facto, já existia muito antes do iCloud, da Dropbox ou do Facebook (a plataforma mais obsessiva que posso imaginar), que agora me permitem partilhar ainda mais facilmente os meus recursos.

No entanto, o Flickr pode tornar-se deveras assustador quando alguém usa o que partilhei alegremente com amigos e família e o aplica totalmente fora do contexto e em total contradição com o objectivo inicial.

Por exemplo, quando, em 2015, a empresa holandesa Koppie-Koppie quis vender canecas de café com fotografias de bebés fofinhos, resolveu usar o Flickr e os seus modelos gratuitos de fotografias familiares «Creative Commons (CC) licenciados»[117]. Desde que o utilizador carregasse as suas imagens ao abrigo da CClicense, o Flickr considerava-o como uso legítimo. Surpresa das surpresas. A maior parte dos proprietários e pais discordavam. Esta é claramente uma utilização da tecnologia contrária à sua intenção inicial. As consequências involuntárias podem tornar-se muito grandes, muito rapidamente, quando amplificadas por tecnologias em rede.

Para alguns utilizadores, o efeito mágico da partilha do Flickr foi imediatamente destruído por uma interpretação diferente dos usos permitidos e pela exploração perversa de um contexto imprevisto. Talvez não um acto ilegal *per se*, mas com uma óptima classificação na escala de coisas assustadoras. A Koppie-Koppie é um excelente exemplo de quão rápido o bestial se transforma em besta.

As consequências involuntárias aumentarão exponencialmente em sintonia com as tecnologias que as provocam

Com efeito, o caso da Koppie-Koppie é provavelmente um

incidente menor (a menos que sejam as fotografias do seu filho ou filha) com danos pouco tangíveis. No entanto, não deixa de suscitar a pergunta: e se a nossa participação massiva em algo que parece benigno, conveniente e benéfico para todos lhe permite tornar-se tão imensamente poderoso que passa a ter os seus próprios fins, a sua própria razão de ser, a sua própria vida? O Facebook é o exemplo cabal disso mesmo, razão pela qual passei a usá-lo menos.

E se esta entidade cada vez mais poderosa começa a transgredir os nossos desejos de privacidade mais tácitos e implícitos, mas está já tão profundamente enraizada na nossa vida que não podemos fazer muito sobre isso? E se estivermos tão imersos neste novo meio que começamos a abstrair-nos de onde começa e onde acaba?

E se a capacidade tecnológica e o alcance das informações de uma empresa se tornassem mil, cem mil ou um milhão de vezes mais poderosos do que hoje? Essa é a promessa da computação quântica e cognitiva, isto é, computadores um milhão de vezes mais rápidos do que qualquer caixa disponível hoje e um *software* que não é programado, mas antes aprende o que tem de fazer ao longo do processo?

Quais seriam as consequências indesejadas desses desenvolvimentos? Estes novos intermediários e plataformas acabariam por tornar-se mais intencionais usando os nossos dados de formas questionáveis na sua busca de gerar mais receitas baseadas na nossa participação e para satisfazer as expectativas financeiras dos seus proprietários ou dos mercados públicos? Dada a quase total ausência de regulação significativa para as plataformas digitais, essas poderosas organizações seriam capazes de resistir à tentação de ultrapassar os limites entre utilização perniciosa involuntária e planeada?

Por que razão estaremos convencidos de que tal não acontecerá? Temos pura e simplesmente de considerar estes desagradáveis «e se» porque é este o caminho que estamos a traçar, potenciado pelas tecnologias exponenciais. O poder das redes sociais da Web 2.0 parecerá uma brincadeira de crianças quando ligarmos tudo e todos a uma enorme IdC na nuvem, contendo sistemas de IA em constante aprendizagem e expansão, como o Watson da IBM ou o DeepMind da Google. Literalmente, todos os nossos dados, incluindo a informação médica e biológica mais pessoal, estarão disponíveis e não poderá sequer pestanejar sem que isso seja controlado, tanto na vida real como no domínio do digital.

Penso que a tecnologia e aqueles que a fomentam irão tornar-se exponencialmente e muito possivelmente infinitamente melhores a descobrir de modo exacto quem somos, o que estamos a pensar ou como manipular-nos. Tudo isto a um preço incrivelmente baixo. Por conseguinte, teremos de estar muito mais atentos à linha que nos separa, onde nós começamos e ela começa. Por outras palavras, onde a minha humanidade se cruza com a sua tecnologia até estas serem inseparáveis.

Num mundo assim, determinadas questões serão motivo de preocupação. Por exemplo, em que medida serão as nossas percepções influenciadas pelo efeito de bolha de filtro de apenas ver ou ler coisas que foram filtradas para nós, orquestradas por algoritmos? Como vamos atenuar o risco de polarização e de manipulação se não tivermos a mínima noção da lógica por trás daquilo que vemos ou não vemos?

Devemos aproveitar esta oportunidade para aperfeiçoar as nossas competências de observadores e contestatários para alcançar uma gestão mais holística. Como se reflectirá isso nas expectativas que colocamos nos políticos e responsáveis do governo?

Os assistentes digitais inteligentes e a nuvem como extensões de nós mesmos

Actualmente, já utilizamos máquinas inteligentes simples em muitas situações: nos mapas digitais, no *software*, no *e-mail* ou nas aplicações de encontros. Mas embora aplicações como o

TripAdvisor nos possam dizer o que outras pessoas acharam de um restaurante, não conhecem a história da culinária dos últimos vinte anos. Não vêem o nosso frigorífico nem controlam a nossa casa de banho, como foi já proposto como um novo serviço no Japão[118], e não ligam todas essas informações, comparando-as com 500 milhões de outros pontos de dados de outros utilizadores que podem estar disponíveis nesse momento. No entanto, o TripAdvisor já é bastante útil e tornou-se obrigatório para quase todos os restaurantes e hotéis. Apesar da sua limitada inteligência, é uma ferramenta útil se não ignorarmos o contexto das suas classificações e recomendações.

Este nível bastante útil de assistência benigna, ainda que algo mecânica e simples, está prestes a ser superado pelos avanços rápidos no desenvolvimento dos ADI. A nova geração de assistentes vai viver principalmente na nuvem, em vez de nos nossos dispositivos, e acompanhará tudo o que fazemos através dos nossos *gadgets* móveis, sistemas de automatização doméstica, sensores e computadores. Imagine o poder quântico do Watson da IBM disponível através dos seus dispositivos móveis. E tudo o que tem de fazer é pedir, sem sequer tocar num teclado. De seguida, imagine que tudo o que tem de fazer é pensar e emitir um comando através da sua ICC. A Humanidade com superpoderes está quase aí.

Em 2016, a Siri, o Google Now e a Cortana já conseguiam responder a perguntas simples sobre o tempo ou onde encontrar algo e a IA do Gmail respondia a alguns e-mails por si. Em breve, serão capazes de agendar a maior parte das suas reuniões ou organizar os seus voos, sem qualquer necessidade de supervisão. Depois de amanhã, tornar-se-ão o seu futuro melhor amigo. Depois disso, podem tornar-se tão importantes como os nossos próprios olhos e ouvidos. A seguir, a sua previsão será tão boa como a minha, mas a questão fundamental é, mais uma vez: far-nos-ão felizes? E, afinal, o que é a felicidade (ver capítulo 9)?

No seu artigo de 2015, «A *Cortana é um passo perigoso em*

direcção à Inteligência Artificial?», o escritor Brad Jones explica:

As IA possuem personalidades próprias e tornam-se cada vez mais inteligentes, recolhendo dados e informações do mundo ao seu redor. No entanto, à medida que esse conhecimento enche gradualmente os seus recursos disponíveis, a IA vai-se «sentindo» desenfreada. Uma IA num estado de descontrolo pensa nos seres humanos como seus inferiores, desenvolvendo um sentido delirante e transtornado do seu próprio poder e inteligência.[119]

A questão fundamental será se esses assistentes digitais inteligentes conseguirão fazer coisas para as quais não foram especificamente programados e, como vimos, esta é exactamente a promessa da aprendizagem profunda; uma máquina inteligente e autodidacta, uma máquina pensante que aprende em vez de ser programada.

Estas extensões de nós mesmos utilizarão as capacidades exponenciais das redes neuronais, da aprendizagem profunda e da computação cognitiva para nos fornecerem serviços extremamente poderosos, pessoais e de elevada previsão. Nesse processo, o mais certo é desenvolverem igualmente capacidades cognitivas. Adicione RA/RV e ICC a esta mistura e o céu deixa de ser o limite para as futuras gerações de ADI.

Assim que o meu assistente digital inteligente ou *bot* ficar a par de toda a minha história, tiver acesso a todos os meus dados em tempo real e puder compará-los com os dados de centenas de milhões de outros assistentes digitais inteligentes em rede, pode muito bem ser capaz de prever as minhas acções e reacções. Caros leitores, bem-vindos ao pré-crime, a ideia de poder prevenir crimes porque os nossos *bots* sabem quando surge a intenção, mesmo que isso não seja óbvio para o «criminoso» em causa. A empresa Precobs, com sede no Reino Unido, já tem um *software* dessa natureza a ser testado pelas forças policiais locais[120].

E bem-vindos ao potencial de manipulação política global através de conteúdos digitais e redes de meios de comunicação

6 : DE BESTIAL A BESTA: A DEPENDÊNCIA DIGITAL

social, onde o meu assistente digital inteligente me representará sempre ou, para todos os efeitos, será eu. Poderá o meu assistente digital inteligente ser vítima de manipulação ou conspirar deliberadamente para influenciar as minhas decisões?

Como a empresa de investigação Gartner afirmou em 2013: os dispositivos móveis sincronizam-me, vêem-me, conhecem-me... e em breve serão eu[121]. Novamente, pergunto: seremos assim mais prósperos e felizes? Duvido muito.

Muito em breve, poderemos ver o nosso próprio assistente digital inteligente a discutir ou a negociar com o assistente digital inteligente do sistema de reservas da companhia aérea para conseguir o melhor preço para o Havai nos próximos seis minutos. E, é claro, a maior parte das compras já não será feita por nós. O nosso assistente digital inteligente será muito mais rápido e eficiente, um coleccionador nato de cupões e descontos em cartão e tomando decisões com base na consciência situacional à velocidade da luz. Tudo o que tenho de fazer é pensar numa compra e... e já está reservada. Satisfação instantânea num mundo de total abundância. Seguros da total abundância no exterior, não temos tanta certeza sobre a crescente escassez no interior, seja nas relações, na comunidade, nos valores, na espiritualidade ou nas crenças.

O leitor pode não acreditar mas, para muitos especialistas e para os deterministas tecnológicos de Silicon Valley, as potencialidades dos futuros assistentes digitais inteligentes ainda soam algo benignas. Afinal, não há mal nenhum em usar um ADI quando é um bocadinho melhor do que a aplicação que uso hoje, certo?

Vejamos alguns cenários que poderão tender para o lado mais sombrio, mas que representam uma possibilidade clara no futuro a médio prazo.

Em primeiro lugar, imaginemos que para ser brilhante, rápido, antecipatório e intuitivo, o meu assistente digital inteligente, este brilhante motor e extensão do meu eu, o meu robô pessoal na nuvem, teria de ter uma enorme quantidade de informação sobre mim. Bem, na verdade, talvez precisasse de saber absolutamente tudo sobre mim, seleccionando informações em tempo real de todas as fontes disponíveis e actualizando-as constantemente. E provavelmente muitos de nós gostaríamos que esse sistema possuísse todos esses pormenores sobre nós. Isso permitiria que a qualidade do serviço que recebemos fosse constantemente melhorada, tornando a nossa vida ainda mais fácil; com efeito, um preço bastante modesto a pagar por tanta comodidade e poder pessoal.

A opção de auto-inclusão, o *opt-in*, para sermos constantemente localizados, monitorizados e assediados é onde tudo começa e os generalizados «partilhar» ou «guardar» como recursos favoritos são apenas dois exemplos de como somos seduzidos a mantermo-nos constantemente ligados. Aqui, o Google é o senhor absoluto, confinando-nos ao seu universo em contínua expansão — e o Google é apenas um exemplo das grandes plataformas globais que querem transformar-se numa espécie de cérebro global que duplica cada utilizador na nuvem. Monitorizar-nos dessa forma representa uma fortuna para empresas para quem os dados são, efectivamente, o novo petróleo, especialmente para plataformas globais como o Google, o Baidu, o Alibaba e o Facebook que realmente não vendem nada material, mas funcionam em grande parte como extractores de dados, motores de publicidade e supernós de informações. Imagine este conceito ampliado milhares de vezes pela IdC e IA e consegue ouvir as caixas registadoras a fazer «tlim-tlim!».

Alguém quer monitorização total?

Então o que é que poderia correr mal com os ADI? Aqui ficam alguns exemplos de eventuais problemas:

- **Riscos de segurança e implicações para a privacidade significativamente maiores:** O seu assistente digital inteligente pode ser alvo de um pirata informático, enganado, pressionado ou subornado para divulgar algumas ou todas as suas informações a outros IA que encontra em linha. Por exemplo, pode ser levado a fornecer as palavras-passe que lhe permitem enviar *e-mails,* fazer compras e aceder aos canais de redes sociais em seu nome. A extensão desse tipo de fuga de informações poderia ser devastadora. E poderia nem se aperceber de que o seu assistente digital inteligente fora corrompido!

- **Vigilância exponencial:** O seu ADI seria como um gravador, ligado 24h por dia, todos os dias, não só à sua vida digital, mas à sua vida para além da internet, também conhecida como vida real. Qualquer pessoa com as credenciais certas, falsas ou não, poderia aceder aos seus dados. Isso permitiria que qualquer aspirante a pirata informático nos identificasse, ou assinalasse como suspeitos, dissidentes ou indivíduos perigosos. Poderia usar fragmentos de informação desconexos ou descontextualizados para nos incriminar ou manipular. Imagine se o seu *bot* pudesse aceder a uma quantidade de dados mil vezes mais abrangentes e mais inteligentes, já que poderia correlacionar os seus dados com milhões de outros *feeds* de dados, por exemplo das redes sociais. Os resultados poderiam ofuscar as previsões mais distópicas de George Orwell.
  - Assim, o cenário ainda prematuro *bot* na nuvem/ assistente digital inteligente parece-me um convite aberto para o abuso e a perseguição a torto e a direito, especialmente em países que já não têm uma verdadeira protecção da privacidade ou que já demonstraram o seu desprezo pelos direitos básicos de privacidade dos seus cidadãos. O outro aspecto a considerar é que os nossos governos têm cada vez mais possibilidades — legais — de aceder aos nossos assistentes digitais inteligentes e egos digitais, seja pela porta da frente ou, mais dissimuladamente, pela porta aberta das traseiras do código. Por conseguinte, podemos partir do princípio de

que qualquer outra organização de *hackers* pode fazer o mesmo. Tremo só de pensar no que poderia acontecer se todos ficássemos tão «digitalmente nus».

- **Crescente desqualificação humana:** imagine que usei tanto o meu assistente digital inteligente que comecei a esquecer ou a desaprender coisas, como orientar-me numa cidade estranha, encontrar informações fiáveis *on-line,* reservar um voo, trabalhar no Excel ou até mesmo escrever à mão (esta última, uma possibilidade nada remota). É óbvio que perderia rapidamente aquelas competências que costumavam ser essenciais ao ser humano, como a capacidade de comunicação não mediada, independentemente da sua alegada lentidão e potencial para o erro. Estamos a tornar os seres humanos cada vez mais substituíveis? Devemos automatizar tudo só porque podemos?

- **Digifrenia** (um grande termo criado por Douglas Rushkoff, cujos livros são de leitura obrigatória)[122]: uma das forças motrizes que subjazem à desqualificação do ser humano pela tecnologia é o desejo crescente de querermos estar em vários sítios ao mesmo tempo. As tecnologias como a telepresença, as mensagens e as redes sociais parecem permiti-lo agora, em certa medida simulada, e muitas vezes, demasiadas, estamos dispostos a trocar experiências autênticas por essa aparente ubiquidade.

Citando Douglas:

A digifrenia é efectivamente a experiência de tentar existir simultaneamente em mais de uma encarnação de si mesmo ou de si mesma. Há o perfil do Twitter, do Facebook, da sua caixa de correio electrónico. Todas estas múltiplas instâncias de si operam simultaneamente e em paralelo. E não é uma posição muito confortável para a maioria dos seres humanos[123].

- **Construir relações com ecrãs e máquinas em vez de pessoas:** muitas das nossas tarefas ou processos conduzem também à construção de relações com o outro, quando vamos às compras ou nos reunimos com os membros da equipa para planear um evento. É evidente que algumas dessas interacções não são essenciais ou imensamente valiosas, como falar com o agente de viagens para reservar um voo ou ligar ao seu gestor de conta sobre uma opção de investimento (coisas que, aliás, nunca faço). Por isso, sim, algumas destas pequenas tarefas poderiam ser feitas por máquinas sem perder uma ligação verdadeiramente humana. Não preciso de ser amigo do meu gestor de conta para decidir onde investir 5 mil euros. No entanto, penso que temos de reflectir sobre a automatização de outras interacções humanas mais profundas, como ir ao médico mesmo que seja apenas para ter certeza de que só estamos com uma constipação e não um enfisema. Em alguns casos, sim, seria bom fazer o diagnóstico no conforto da sua casa; noutros casos, isso pode desumanizar a relação médico-paciente porque as coisas que não devem ser automatizadas ou substituídas por máquinas são aquelas que efectivamente criam relações significativas.

    Imagine automatizar uma parte substancial das interacções com os seus funcionários ou colegas de trabalho, como já foi proposto por empresas emergentes como a x.ai com as suas aplicações de assistentes automatizados[124]. Ainda que não houvesse mal nenhum em automatizar as entradas do calendário de grupo com base num *e-mail*, imagine se recebe uma resposta de *e-mail* de um membro da equipa e não sabe se foi escrito por ele ou por um ADI. Indo mais longe, como se sentiria se alguém próximo, como o seu pai ou mãe, comunicasse consigo através do seu assistente digital inteligente?

    E onde é que acaba? Até onde nos levará? O que define

onde a IA termina e a inteligência humana começa? Será o assistente digital inteligente a convidar as pessoas para a minha próxima festa de aniversário, a encomendar a comida, a escolher a música, a organizar um belo *powerpoint* e talvez até a programar um *site* especial só para o evento? E dir-me-á depois como me comportar e parecer o mais feliz possível durante a festa? Seria isso benéfico para construir relações com outros seres humanos ou conseguiria eliminar algum do trabalho tendo apenas como consequência a perda do sentido? Construiremos mais relações com máquinas porque é conveniente?

- **É possível, e cada vez mais provável, uma manipulação de dimensões inimagináveis:** se tivéssemos de externalizar as nossas decisões a potentes assistentes digitais inteligentes, provavelmente aconteceria primeiro no sector dos meios de comunicação social e dos conteúdos, pois as funcionalidades básicas já existem na maioria das redes sociais. Os nossos assistentes digitais poderiam encontrar e filtrar notícias, sugerir filmes e gerir as nossas redes sociais. A tecnologia já influencia suficientemente, ou decide mesmo, o que é melhor para nós vermos, lermos ou ouvirmos. Mas uma nuvem inteligente alimentada por tecnologias exponenciais faria as ofertas de hoje parecerem básicas e inofensivas.Imagine a possibilidade de apenas um punhado de *bots* ou de grandes plataformas de ADI controlar o que milhares de pessoas vêem ou ouvem. Imagine o que as marcas e as agências de publicidade estariam dispostas a pagar para serem vistas no lugar certo, na hora certa e pelos utilizadores certos.

A ascensão dos assistentes digitais inteligentes levanta algumas questões fundamentais para mim:

- O que acontece se esta cópia digital de mim divulga informações às pessoas erradas, como por exemplo à

minha agência de seguros prestes a aprovar um seguro?
- E se o meu assistente digital inteligente se tornar cada vez melhor a tomar a maior parte das decisões por mim e eu passe a seguir todas as suas recomendações mesmo quando se tratar de fazer grandes escolhas de vida como com quem me casar, onde viver, ter ou não filhos e como educá-los?
- E se o meu assistente digital inteligente filtrar todas as notícias e informações de forma a que eu nunca mais leia uma opinião dissidente? E se a sua lógica puder ser manipulada comprando uma campanha para me influenciar?

«A Gartner prevê que até ao final de 2016 as decisões de compra mais complexas como material de regresso à escola feitas de forma autónoma pelos assistentes digitais atingirá 1,7 mil milhões de euros anualmente. Isto traduz-se em cerca de 2,5% dos utilizadores móveis a confiarem 42 euros por ano a assistentes digitais.» — «The World of Digital Assistants — Why Everyday AI Apps will Make up the IoT»[125]

A ascensão meteórica dos ADI provavelmente vai obrigar-me a actualizar uma das minhas frases favoritas: «A Google sabe mais sobre nós do que o nosso marido ou esposa.» Ter um assistente digital inteligente como o Google Now a recolher milhões de pontos de dados sobre mim, como localização, histórico de navegação, compras, gostos, *e-mails,* mapas e visualizações no YouTube, irá certamente aumentar a fasquia e de forma considerável. Como costumo dizer, na escala de 100 pontos do que poderia ser digitalizado, estamos apenas no cinco... e já começamos a perder o controlo.

Volto sempre à ideia de que «ainda não vimos nada». A ascensão meteórica da Internet das Coisas dará um impulso adicional às plataformas de assistentes digitais inteligentes, gerando cada vez mais dados para alimentar o cérebro global que esses sistemas irão explorar. Cada vez mais, esses pedaços de *hardware* pouco inteligentes como brocas, máquinas agrícolas, gasodutos, interruptores e conectores estão a ser equipados com sensores e ligações de rede sem fios. Muito em breve será possível obter dados ao vivo de literalmente tudo o que nos rodeia.

> «*As redes sociais — as verdadeiras, compostas por pessoas que conhece e vê pessoalmente e não no Facebook ou no Twitter — são tão importantes para a sua saúde como o exercício físico e a alimentação, conclui um novo estudo. Mais ainda, o número de laços sociais que tem afecta directamente a sua saúde.*» — CHARLIE SORREL, «Stop Being a Loner. It'll Kill You».[126]

Então por que é que ainda há tão poucas pessoas preocupadas com isso?

Existem muitas razões pelas quais pode parecer que há poucas vozes críticas sobre esta mudança de bestial para besta. Aqui estão três delas:

6. **Lucros enormes.** Ligar pessoas, tirar partido do progresso tecnológico exponencial e disponibilizar dispositivos móveis baratos mas viciantes estão provavelmente entre as maiores oportunidades de negócio de sempre. Oferecer magia digital às pessoas, também conhecida como economia de dados, implica ofuscar o sector energético e dos transportes — e ninguém quer estragar essa festa[127]. Numa sociedade onde o lucro e crescimento se mantêm senhores supremos, os efeitos maníacos colaterais e mesmo nocivos são muitas vezes considerados externalidades, não são problema nosso.
7. **Falta de regulamentação e ignorância política.** Ao contrário da exploração e fornecimento de recursos naturais como o petróleo, o gás e a água, há pouquíssima regulamentação global sobre a aplicação da IA, os efeitos

de dependência da tecnologia ou a utilização de grandes dados (a comercialização dos nossos dados pessoais nas redes digitais). É um enorme vazio que deve ser abordado.
8. **Dependência da tecnologia («os dispositivos móveis são os novos cigarros»).** As tecnologias exponenciais que parecem tornar a nossa vida mais fácil, que se alimentam da nossa preguiça natural e da necessidade de que gostem de nós são altamente viciantes e muitas vezes têm um efeito semelhante ao das drogas. Os hábitos criam-se muito rapidamente — também vê o seu *e-mail* uma vez mais antes de ir para a cama? Sente-se «sozinho ou sozinha» quando não está ligado à sua rede social favorita e indefeso ou indefesa sem o Google Maps ou a sua aplicação de mensagens?

A verdade é que vender algo bestial que depois se transforma em besta é provavelmente a maior oportunidade de negócio da era digital e não é melhor do que adicionar substâncias viciantes a um hambúrguer ou ao tabaco. À medida que progredimos exponencialmente, esta estratégia terá de ser revista e provavelmente reduzida se quisermos uma sociedade que busca efectivamente a felicidade humana acima de tudo.

O que a tecnologia quer: de quase natural a natural

Por vezes usamos a expressão «isto já é automático» para descrever o uso quase natural de ferramentas ou tecnologias. Por exemplo, as pessoas dizem, «Trazer sempre o telemóvel já se tornou um hábito», ou «Estar com os meus amigos no Facebook já é habitual». Estas frases descrevem algo que se tornou um hábito, algo que fazemos porque parece natural, já nem sequer pensamos nisso.

Passou a ser um hábito gostar de coisas no Facebook, partilhar imagens e vídeos no WhatsApp ou noutras aplicações e estar sempre acessível em dispositivos móveis. O Google Maps já é um hábito e, para cada vez mais utilizadores do iPhone, a Siri começa igualmente a ser um hábito. Os hábitos são coisas que fazemos sem pensar muito, algo intrínseco (acções «quase naturais», como respirar) que não questionamos, algo que fazemos automaticamente. Em muitos casos, é quase maníaco. Quantas vezes teve a síndroma da vibração-fantasma, jurando que o telemóvel estava a vibrar apesar de o ter deixado em casa?

Mas agora, à medida que entramos sequiosos no vórtice do progresso tecnológico exponencial, verificamos que um número crescente de tecnologias (ou os seus vendedores) compete ferozmente para se tornar mais do que *quase* natural, ou seja, natural, ponto. Obviamente, uma gigantesca oportunidade de negócio. Se ser «apenas humano» já não chega ou se ser humano é simplesmente demasiado penoso, porque não recorrer à tecnologia para se melhorar ou ampliar? Porque não tornar a tecnologia «natural» e nivelar a paisagem entre nós e as máquinas?

A ideia da amplificação humana por meios tecnológicos enquadra-se frequente e claramente no domínio de empresas que pretendem lucrar com o nosso desejo de nos tornarmos mais poderosos, enquanto nos facilitam a vida. Para um número considerável de pessoas já é «natural» usar Fitbits e outras aplicações de acompanhamento da saúde, pulseiras, dispositivos de computação portáveis e sensores incorporados em casacos e camisolas («É claro que controlo todos os meus sinais vitais e monitorizo o meu corpo com essas aplicações; é uma coisa natural»). O chamado «ser quantificado» está a aumentar em todo o lado e estão a ser criadas indústrias inteiras em torno desse conceito. No entanto, preocupa-me frequentemente que essas ofertas possam, mais cedo ou mais tarde, transformar-nos em escravos quantificados ou, pior ainda, em seres estupidificados, desqualificando-nos ao permitir-nos exportar o nosso pensamento (e sentimentos) para tecnologias externas.

Imagine só que outras amplificações humanas poderiam facilmente metamorfosear-se de *gadget* que se quer ter, para *gadget* quase inato, para *gadget* inato, porque pura e simplesmente seriam boas demais para as dispensarmos e além disso são praticamente gratuitas e abundantes. A lista inclui RA, RV e hologramas que me permitem projectar o que quiser num espaço virtual onde posso interagir com se estivesse mesmo lá, como com os HoloLens da Microsoft[128]. Estas ferramentas podem ser muito úteis quando queremos visitar um museu, aos cirurgiões durante uma operação, ou aos bombeiros antes de entrarem num edifício desconhecido. Mas penso que devemos resistir ao impulso de se tornarem um hábito quase natural (quanto mais natural).

Não vale a pena iludirmo-nos: muitos destes dispositivos, serviços e plataformas, quer abertamente quer de forma intencional quer inadvertidamente, pretendem diminuir ou erradicar completamente a diferença entre nós (natureza humana) e eles (natureza automática), porque alcançar isso torná-los-ia absolutamente indispensáveis e extremamente valiosos em termos comerciais.

Já não poderia ser um ser humano saudável sem usar uma parafernália de dispositivos e aplicações de controlo e acompanhamento — pergunto-me mesmo como é que alguma vez sobrevivemos sem elas! Missão cumprida.

Insisto que não devemos deixar a tecnologia ir além do hábito, do quase inato; com efeito, em grande parte já estamos a caminhar na corda bamba. Mas tecnologia que se transforma em natureza (nós) implicaria Humanidade que se transforma também em tecnologia — o que não é um bom caminho para a felicidade humana, como defendo ao longo deste livro.

Este extracto de uma entrevista de 2016 do *Nature Institute* ao autor Stephen Talbott ilustra bem esse desafio:

> Apenas se contrapusermos estas tecnologias a um maior poder de atenção ao específico, ao qualitativo, ao local, ao aqui e agora, conseguiremos manter o equilíbrio. Esta é a regra geral, expressa pela primeira vez, tanto quanto sei, por Rudolf

Steiner: na medida em que nos comprometemos mais inteiramente a uma existência mediada pela máquina, temos de alcançar com mais determinação os recantos mais profundos e elevados do nosso ser, caso contrário, perderemos progressivamente a nossa humanidade.[129]

É cada vez mais provável que o nosso uso da tecnologia passe de bestial a besta à medida que crescem os lucros exponenciais à nossa volta. Quantas vezes não saímos de uma hora a arrastar-nos pela internet ou a brincar com uma nova aplicação sem nos lembrarmos do que tínhamos ido pesquisar? E isto é cairmos na armadilha a nível individual — mas, e se a toda a sociedade começar a fazer o mesmo? E que experiências unicamente humanas já abandonámos e entregámos à internet, ao telemóvel, à nuvem aos nossos *bots* e assistentes inteligentes todos os dias?
Como identificamos os momentos em que os limites entre magia e mania são ultrapassados? Quando ou como o bestial passa a besta? E que dimensões terá esta «besta» quando já não for uma questão de desintoxicar uma só pessoa mas uma cultura inteira? À medida que a *techne* se torna o «quem» mas também o «como», seremos suficientemente fortes e suficientemente autoconscientes para nos acordarmos a nós próprios?

Capítulo 7
Obesidade digital: a última pandemia

À medida que chafurdamos e nos empanturramos numa fartura de notícias, actualizações e informações algoritmicamente manipuladas, distraímo-nos numa bolha tecnológica insuflada de entretenimento questionável.

A obesidade é um problema global e, de acordo com a McKinsey, representa cerca de 386 mil milhões de euros por ano só nos EUA, tanto em custos de cuidados de saúde como em perda de produtividade[130]. Os Centros de Controlo e Prevenção de Doenças declararam em 2015 que mais de dois terços dos americanos têm excesso de peso e cerca de 35,7% são obesos[131].

Creio que estamos a chegar a um desafio semelhante ou maior à medida que nos empanturramos de tecnologia, causando a obesidade digital.

Defino obesidade digital como uma doença mental e tecnológica em que dados, informações, meios de comunicação social e conectividade digital geral são acumulados até ao ponto de terem um efeito negativo sobre a saúde e bem-estar, a felicidade e a vida em geral. Talvez não surpreenda, e apesar daqueles factóides de saúde chocantes, o pouco apoio global no sentido de uma regulamentação mais rigorosa da indústria alimentar para coibir o uso de aditivos químicos susceptíveis de criar dependência ou para parar campanhas de *marketing* que promovem o excesso de consumo. A interminável guerra às drogas da América parece esquecer os alimentos prejudiciais e os açúcares. Tal como os alimentos orgânicos parecem ser agora um exclusivo dos ricos e abastados, também o anonimato e a privacidade serão luxos dispendiosos fora do alcance da maioria dos cidadãos.

Os consumidores estão a comprar equipamentos electrónicos e aplicações que supostamente irão ajudar a reduzir o consumo de alimentos e aumentar a saúde, como o Fitbit, o Jawbone, o Loseit e, mais recentemente, o Hapifork (que alerta vibrando se se estiver a comer demasiado rápido), muito úteis, de facto[132]. Parece que a ideia é comprar (fazer *download*) e consumir ainda mais outro produto ou serviço que irá milagrosamente e sem grande esforço corrigir o problema original do consumo excessivo.

Desejo é prosperidade

A conclusão óbvia é que, quanto mais as pessoas comerem, melhor será para aqueles que produzem e vendem alimentos. Por exemplo, agricultores, indústria agro-alimentar, mercearias, supermercados, restaurantes de *fast-food*, restaurantes, bares e hotéis. Além disso, poderá ser chocante saber que, todos os anos, todos os consumidores em países desenvolvidos ingerem involuntariamente cerca de 68 quilos de aditivos — principalmente açúcar, levedura e antioxidantes, bem como coisas mesmo más como GMS[133]. Estas são lubrificantes de consumo excessivo. Não só tornam os alimentos mais bonitos e mais duradouros, como melhoram o sabor — por mais discutível que isso possa ser. Assim, os consumidores são enganados pela manipulação inteligente de uma «necessidade-de-mais», tornando muito difícil encontrar a saída desse reino de interminável e feliz consumo.

Se isto lhe soar a Facebook ou ao seu *smartphone,* então percebe onde quero chegar. A indústria alimentar efectivamente chama-lhe desejo ou capacidade de desejar[134]. No mundo da tecnologia, o *marketing* chama-lhe magia, adesão, indispensabilidade ou, de forma mais positiva, participação do utilizador.

7 : OBESIDADE DIGITAL: A ÚLTIMA PANDEMIA

Desejo e dependência — o modelo de negócio da tecnologia

Gerar este tipo de avidez, ou alimentar os nossos vícios digitais de forma aparentemente tão benigna, é claramente um poderoso modelo de negócios[135]. É fácil aplicar o conceito de desejo aos principais supernós sociais, locais e móveis (SoLoMo) como o Google e o Facebook ou plataformas como o WhatsApp. Muitos de nós desejam literalmente estar sempre ligados no dia-a-dia e, quando desligamos, sentimo-nos incompletos.

No entanto, de alguma forma, pergunto-me se realmente não será do interesse das grandes empresas de internet que um grande número dos seus utilizadores acabe com problemas de obesidade digital. Será mesmo do interesse dos gigantes da tecnologia e da internet, predominantemente sediados nos EUA[136]? Ao mesmo tempo, não podemos subestimar a forte tentação de tornar os consumidores dependentes destas maravilhosas iguarias digitais, de viciarmo-nos nesses maremotos de gostos, comentários e actualizações de amigos, produtores de serotonina. Pense em 2020 e imagine milhares de milhões de consumidores hiperligados a tornarem-se digitalmente obesos, viciados num constante fluxo de informação, meios de comunicação social e dados — e nos seus próprios ciclos de retorno. Trata-se de uma oportunidade de negócio incomparável que superará de longe o mercado dos aditivos alimentares — que valerá cerca de 24 mil milhões de euros em 2018[137].

Para uma rápida comparação em termos de escala, o Fórum Económico Mundial calcula que o valor cumulativo da digitalização pode chegar aos 85 milhões de milhões nos próximos dez anos. Sugerem que este facto sublinha a oportunidade de «criar uma futura mão-de-obra promissora onde pessoas e máquinas inteligentes trabalhem juntas para melhorar a forma como o mundo funciona e vive»[138]. Admito que gosto da ideia, mas escapa-me como poderíamos preservar a nossa humanidade numa sociedade muito centrada nas máquinas.

Obesidade. De quem é a responsabilidade?

Voltando à comida, o leitor pode perguntar: se a indústria alimentar faz tanto dinheiro com a abordagem ligeiramente (ou mais dissimuladamente) perversa da dependência e do desejo, para quê preocuparmo-nos com os poucos consumidores que não parecem saber lidar com essas tentações? Não são eles os culpados? Quem duvidaria que é o consumidor individual o responsável por lidar com o seu próprio consumo de alimentos? Afinal, vivemos num mundo livre e eles têm vontade própria, certo?

O problema é que, na próxima era de crescimento exponencial de informação e de abundante conectividade, esta estratégia de *laissez-faire* será insustentável, precisamente porque estamos apenas no pivô da curva exponencial e choques maiores se avizinham!

Os dois principais desafios são, em primeiro lugar, o facto de a comida digital ser maioritariamente gratuita ou muito barata e ainda mais universalmente disponível do que a comida física — é distribuída e imediatamente disponibilizada quase a custo zero. Em segundo lugar, existem muito poucos efeitos secundários e sinais de alerta físicos evidentes. A maioria dos consumidores não vai compreender o que está a acontecer ou preocupar-se com o consumo digital e o excesso de conectividade até este ser um problema óbvio, como a dependência dos jogos nos adolescentes coreanos[139]. Uma vez obeso, é muito difícil redefinir a sua vida num paradigma diferente.

Creio que precisamos urgentemente de políticas públicas exactas mas fluidas; de novos contratos sociais; de normas globais de saúde digital; de regulamentações localizadas e com capacidade de resposta e de uma maior responsabilidade e envolvimento dos profissionais de *marketing* e publicidade. Os fornecedores de tecnologia devem (e acredito que muitos já o desejam) apoiar um manifesto mundial equilibrado de direitos digitais ou saúde digital, ter em consideração a autocontenção proactiva e mudar para um modelo de negócios mais holístico que ponha realmente as pessoas em primeiro lugar. Acima de tudo, a hiperconectividade não será certamente o nosso destino final, tal como a hipereficiência não pode ser o único objectivo da actividade comercial. Colocar as pessoas em primeiro lugar significa dar primazia à felicidade e diria mesmo que é a única forma de criar benefícios duradouros na economia bem como na sociedade.

«A diferença entre a tecnologia e a escravidão é que os escravos estão plenamente conscientes de que não são gratuitos.» — NASSIM NICHOLAS TALEB[140]

Vem aí um maremoto de dados

À medida que a quantidade de dados, informação e comunicação social disponível cresce exponencialmente, é iminente o enorme desafio da obesidade digital. Temos de o levar a sério e enfrentá-lo porque a estirpe digital será ainda mais incapacitante do que a física. Já há muita informação e comunicação na nossa vida (na verdade, é infinita), e o paradoxo da escolha anda solto à nossa volta[141].

Somos constantemente bombardeados com uma miríade de possibilidades, a todo o instante e em qualquer lugar, e são todas muito saborosas, muito baratas e muito tentadoras. Não passa um único dia sem que outro serviço nos ofereça mais actualizações do número cada vez maior de amigos; mais maneiras de sermos interrompidos por incessantes notificações em praticamente qualquer plataforma — veja-se a crescente popularidade dos *smartwatches,* que agora vendem mais do que os relógios suíços[142]. Confrontamo-nos com o crescimento exponencial das opções de consumo — mais notícias, mais música, mais filmes, mais e melhores e mais baratos dispositivos móveis, e aparentemente uma total ligação social.

Estamos a afogar-nos num mar de *apps* para namorar, para nos divorciarmos, para reclamar de estradas esburacadas, até mesmo (como vimos) para monitorizar fraldas[143]. Vinte e quatro horas por dia, todos os dias, somos atacados por alertas e comunicações baseados na localização, como o iBeacons, por cupões digitais, por novas maneiras de enviar e receber mensagens a custo zero, por 500 milhões de *tweets* por dia[144], por 400 horas de vídeos carregados no YouTube a cada minuto[145], e a lista continua. Um verdadeiro maremoto de estímulos a transbordar de abundância no exterior, mas a criar escassez ou falta de sentido no interior. Por outras palavras, temos cada vez mais opções a baixo custo, mas cada vez nos preocupamos mais com estarmos a perder algo sobre «o que poderíamos ter feito» — sempre. Onde é que isto nos leva?

Abundância exterior, escassez interior — bicicletas para a mente ou balas para a alma?

Somos bombardeados com informação e dados e, em geral, estamos a empanturrar-nos como fazemos nos rodízios de 9,99 euros do *shopping*. Os senhores feudais da nutrição digital são naturalmente a Google e os seus homólogos chineses, o Baidu e o Alibaba. O génio da Google reside na criação de um paraíso (ou pelo menos de um reino) de consumo transversal a partir de um enorme número de plataformas muito viciantes e virais como o Gmail, o Google Maps, o Google+, o Google Now, o YouTube, o Android e a Pesquisa Google.

O universo Google é tão hipereficiente, tão conveniente e tão viciante, que ameaça seriamente engordar o nosso cérebro, olhos, ouvidos e até mesmo os nossos corações e almas. Gosto de me referir a este facto como o problema da abundância exterior/ escassez interior e como o dilema das bicicletas para a mente ou balas para a alma: ao mesmo tempo que as nossas mentes ganham uma espécie de velocidade superluminal porque são alimentadas pelo Google *et al.*, as nossas artérias ficam entupidas com o lixo dos intermináveis banquetes digitais e os nossos corações pesados com demasiadas relações sem sentido e ligações mediadas que só existem no ecrã.

7 : OBESIDADE DIGITAL: A ÚLTIMA PANDEMIA

Se, de facto o «Google me conhece melhor do que a minha mulher», devemos seguramente começar a pensar quem serve quem[146]. Será a obesidade digital projectada no sistema, será mais uma agenda oculta, ou trata-se simplesmente de uma consequência involuntária dessa grande minoria que rege agora as nossas vidas digitais?

«Neurologicamente, tornamo-nos no que pensamos.»
— NICHOLAS CARR[147]

«Quanto mais um doente se concentra nos seus sintomas, mais profundamente esses sintomas são gravados nos seus circuitos neuronais», escreve Nicholas Carr em *Os Superficiais — O que a Internet está a Fazer aos Nossos Cérebros*:

> No pior dos casos, a mente essencialmente treina-se a si própria para estar doente. Muitos vícios são igualmente reforçados pelo fortalecimento de percursos plásticos para o cérebro. Mesmo doses muito pequenas de drogas que causam dependência podem alterar drasticamente o fluxo de neurotransmissores nas sinapses, resultando em alterações de longa duração nos circuitos e funções cerebrais. Em alguns casos, a acumulação de determinados tipos de neurotransmissores como a dopamina, produtora de prazer tal como a adrenalina, parece desencadear efectivamente a activação ou desactivação de certos genes, aumentando o desejo pela droga. O caminho vital revela-se mortal.[148]

Novas interfaces como a realidade aumentada e a realidade virtual entram no jogo

Ter uma dieta digital equilibrada será ainda mais difícil quando a conectividade, os dispositivos e as aplicações se tornarem exponencialmente mais baratos e mais rápidos e à medida que as interfaces para informação forem sendo reinventadas. Passaremos de ler ou visualizar ecrãs para falar com máquinas e, finalmente, para apenas pensar em dar-lhes ordens. Em suma, faremos uma viagem de GUI para NUI (interface gráfica de utilizador para interface natural de utilizador).

Em determinado momento do futuro não muito distante talvez tenhamos de considerar a derradeira questão: vivemos dentro da máquina ou a máquina vive dentro de nós?

Os dados são o novo petróleo: pague ou seja o produto

Já foi dito muitas vezes, mas vale a pena repetir: os dados são realmente o novo petróleo. As empresas que se alimentam de grandes dados e a chamada sociedade em rede estão rapidamente a transformar-se na próxima Exxon-Mobil, fornecendo, sequiosas, o novo ópio das massas: comida digital, conectividade total, dispositivos móveis potentes, conteúdos gratuitos, supercola social, local e móvel (SoLoMo) da nuvem através de *bots* e assistentes digitais inteligentes (ADI). Providenciam o alimento que nós próprios — as pessoas anteriormente conhecidas como consumidores — criamos e partilhamos através da nossa simples presença e participação[149]. No entanto, a maioria começa a sentir-se muito confortável dentro destes belos jardins murados do Google, Facebook, Weibo, LinkedIn e muitos outros. Consumimos tanto quanto podemos enquanto nos tornamos de bom grado em comida para outros. Como o autor Scott Gibson afirmou recentemente no blogue da revista *Forbes*, «Se não paga, torna-se no produto.»[150] Estamos a empanturrar-nos uns aos outros de formas inéditas e muito do que devoramos é extremamente nutritivo, saciante e viciante. Mas será um Nirvana, um inteligente pacto faustiano ou a receita para o desastre? Ou tudo depende de quem faz a pergunta?

O horizonte 2020 para a obesidade digital

A Cisco prevê que até 2020 52% da população mundial esteja ligada à internet — cerca de quatro mil milhões de utilizadores humanos[151]. Nessa altura, cada informação, cada imagem, cada vídeo, cada núcleo de dados, cada local e cada comentário de qualquer humano em rede será muito provavelmente monitorizado, recolhido, ligado e refinado em *media,* grandes dados e inteligência comercial. A inteligência artificial (IA) potenciada por computadores quânticos cognitivos irá gerar visões mirabolantes de *zettabytes* (um milhar de trilião (10^{21})/2^{70} *bytes*) de dados em tempo real. Nada permanecerá despercebido por muito tempo.

É evidente que isto pode ser o paraíso se o leitor ou a leitora for um profissional de *marketing,* um fornecedor das ferramentas que lidam com essas tarefas, uma agência governamental com excesso de zelo ou simplesmente um *supergeek*. Ou pode tornar-se um inferno, dada a distinta possibilidade de a mesma informação sobrealimentada facilitar também um tipo de vigilância global e perpétua, como as revelações de Snowden tornaram dolorosamente óbvio desde 2013[152].

Não só vamos ficar obesos de informação, como também vamos ficar nus — não é uma imagem bonita!

A questão já não é se «podemos», mas se «devemos»

A minha previsão é que a questão de saber se a tecnologia pode fazer algo em breve será substituída pela questão mais relevante de saber se devemos fazer o que a tecnologia presentemente nos permite e porquê. Esta questão já se aplica a muitas inovações e tendências recentes como as redes sociais, o ser quantificado, os Google Glass, a impressão 3D ou a supostamente iminente Singularidade (ver capítulo 1).

No âmbito da obesidade digital, a verdade é esta: só porque todos estes *media,* dados, conhecimento e até mesmo sabedoria se tornaram imediata e gratuitamente disponíveis, temos de estar sempre imersos no mundo digital? Precisamos mesmo de uma aplicação para nos dizer onde está a secção de música? Temos mesmo de verificar os nossos genomas antes de um encontro?

Temos mesmo de contar os nossos passos para actualizar a nossa forma física numa qualquer rede social?

De «mais é melhor» para «menos é melhor»

Por último, tudo se resume a isto: tal como com os alimentos, onde a obesidade é mais óbvia, precisamos urgentemente de encontrar um equilíbrio pessoal na nossa dieta digital. Temos de definir quando, qual e quanta informação consumir. Quando é que temos de reduzir o que ingerimos, temos tempo para digerir, estamos aqui e agora ou quando devemos mesmo ficar com fome? Sim, também existe uma oportunidade de negócio real aqui: estar *off-line* é o novo luxo.

Creio que nos próximos anos os nossos hábitos de consumo digital sofrerão uma transição do paradigma «mais é melhor» do tradicional *off-line* e da internet 1.0 para o conceito de «menos é melhor». Ao alcançarmos esse equilíbrio essencial entre ignorantes e omniscientes, uma vez que nenhum dos extremos é desejável, poderemos adoptar a máxima de Albert Einstein quando disse «tudo deveria ser o mais simples possível, mas não mais simples do que isso»[153].

Capítulo 8
Precaução *versus* proactividade

O futuro ainda mais seguro e mais promissor é aquele onde não adiamos a inovação, mas também não ignoramos os seus riscos exponenciais como se «o problema não fosse nosso».

À medida que o poder da tecnologia aumenta exponencialmente, acredito ser crucial determinar um equilíbrio sustentável entre precaução e proactividade. O primeiro conceito significa olhar proactivamente para o que poderá acontecer, as possíveis consequências e resultados imprevistos, antes de avançarmos com uma exploração científica ou um desenvolvimento tecnológico. Em contraste, a abordagem de proactividade defende avançar no interesse do progresso antes de se clarificarem todos os riscos e ramificações potenciais.

Deveríamos restringir a ciência, os inventores e os empresários se as invenções resultantes forem susceptíveis de causar um impacto materialmente adverso sobre a Humanidade? Sem dúvida. Deveríamos parar ou proibir saltos científicos que podem ser em grande parte benéficos para a sociedade, mas que precisam de ser regulamentados para alcançar um resultado equilibrado? De maneira alguma. Com efeito, proibir tais avanços pode nem ser possível.

A resposta será, claro, um equilíbrio sensato e holístico entre as duas posições, exigindo, novamente, que nos tornemos melhores gestores no futuro.

Analisemos ambas as posições em mais pormenor.

Inicialmente nascido de considerações ambientais, o princípio da precaução sustenta que aqueles que criam algo com consequências potencialmente catastróficas não devem prosseguir até terem provado que qualquer consequência indesejada pode efectivamente ser controlada. Por outras palavras, o ónus da prova de que um empreendimento não é nocivo recai sobre aqueles que o desejam realizar.

Este princípio foi aplicado na pesquisa do ADN recombinante (a Conferência de Asilomar) e a sua interpretação teve um impacto directo no trabalho realizado no Grande Colisionador de Hadrões do CERN (Suíça) dada a preocupação com a possibilidade de se gerar aí um buraco negro[154, 155]. Como no caso do Grande Colisionador de Hadrões, a prudência colectiva sobre a evolução tecnológica deve obviamente levar a melhor sobre inovações potencialmente desastrosas que podem criar riscos existenciais para a Humanidade. A Declaração de Wingspread (1999) resume o princípio da precaução como se segue:

> Quando uma actividade aumenta a ameaça de danos para a saúde humana ou para o ambiente, devem ser tomadas medidas preventivas mesmo que alguns nexos de causa e efeito não tenham sido cientificamente estabelecidos. Neste contexto, o proponente da actividade, e não o público, deverá suportar o ónus da prova.[156]

A Declaração do Rio de 1992 apresentou uma cláusula ainda mais contundente: «Sempre que se apresentem riscos de danos graves ou irreversíveis, a falta de certezas científicas não pode ser usada como argumento para adiar preventivamente medidas que são economicamente eficazes e que têm méritos enquanto tal.»[157]

Penso que ambas as declarações são válidas quando se pensa em Inteligência Artificial (IA), máquinas inteligentes, sistemas autónomos, edição do genoma humano ou geoengenharia.

Em contraste, o princípio proactivo argumenta que a Humanidade sempre inventou tecnologia e sempre correu muitos riscos a fazê-lo. Por conseguinte, não podemos adicionar restrições indevidas ao que as pessoas podem ou não podem inventar. Além disso, este princípio estipula que deveríamos ser responsáveis quer pelo custo de potenciais restrições quer pelo custo de oportunidades perdidas.

O princípio proactivo foi introduzido pelo filósofo transumanista Max More[158] e mais tarde aperfeiçoado pelo sociólogo britânico Steve Fuller[159]. Uma vez que a própria ideia de transumanismo se radica no conceito de transcender a nossa biologia, ou seja, na possibilidade de nos tornarmos máquinas, pelo menos em parte, só poderíamos esperar que uma proactividade sem complexos fizesse naturalmente parte da história.

Um equilíbrio cuidadoso e humanista

Eis o que proponho: demasiada precaução pode paralisar-nos de medo e criar um ciclo auto-ampliado de contenção. Marginalizar a ciência de ponta, a tecnologia, a engenharia e a matemática (CTEM) ou invenções inovadoras irá muito provavelmente criminalizar aqueles que as empreendem. Não é obviamente uma boa solução para o problema porque poderemos efectivamente descobrir algo que temos o dever humano de continuar a investigar, como a possibilidade de uma cura para o cancro. Aquilo que contribui para a prosperidade humana obriga-nos a libertá-lo.

No entanto, uma abordagem puramente proactiva não resultará, pois há demasiado em jogo dada a natureza exponencial, combinatória e interdependente dos avanços tecnológicos que temos vindo a testemunhar. Receio o triunfo quase certo da tecnologia sobre a Humanidade se adoptarmos apenas uma abordagem de proactividade como a que vigora hoje. Tal como muita precaução pode asfixiar o progresso e a inovação, muita proactividade pode libertar forças poderosas e provavelmente incontroláveis que para já devemos manter fechadas.

Como sempre, o nosso desafio será encontrar e manter o

equilíbrio entre a caixa de Pandora e a lâmpada de Aladino.

Encontramo-nos num percurso exponencial e combinatório em muitas disciplinas relacionadas com as CTEM. Muitas das abordagens tradicionais de salvaguarda revelar-se-ão inúteis, porque a velocidade da mudança e a magnitude das possíveis consequências imprevistas têm vindo a aumentar de forma dramática desde que atingimos o ponto de inflexão da curva em 2016, quando começámos a aumentar de quatro para oito (e não cinco) e demos esse enorme passo inicial.

Uma abordagem que funcionava muito bem quando passávamos de 0,01 para 0,02, ou mesmo de um para dois, pode já não ser adequada quando estamos a duplicar sucessivamente de quatro até 128 — a parada está demasiado alta e as consequências muito mais difíceis de compreender para a mente humana.

Imagine as consequências de sermos demasiado voluntaristas com a IA, a geoengenharia ou a edição do genoma humano. Imagine entrar numa corrida ao armamento com armas controladas por IA que podem matar sem supervisão humana. Imagine um Estado pária e agentes não estatais a experimentar controlar o clima, causando danos permanentes na atmosfera. Imagine um laboratório de pesquisa num país não tão transparente a obter uma fórmula para programar seres sobre-humanos.

No seu livro, *Our Final Invention*, James Barrat faz um bom resumo deste dilema:

> Não queremos uma IA que atenda aos nossos objectivos de curto prazo — por favor, salvem-nos da fome — com soluções prejudiciais a longo prazo — assando todos os frangos da Terra — ou com soluções a que nos oporíamos — matando-nos depois da nossa próxima refeição.[160]

Há simplesmente demasiado em jogo para continuarmos com este entusiasmo absoluto e desenfreado pela tecnologia, ou simplesmente dizer que é inevitável ou que é o destino.

8 : PRECAUÇÃO *VERSUS* PROACTIVIDADE

Vale a pena ler a declaração do transumanista Max More sobre este tópico, em 2005:

O princípio da precaução, ainda que bem-intencionado por muitos dos seus defensores, torna as instituições de tomada de decisão inerentemente parciais em relação ao *status quo* e reflecte uma visão reactiva e excessivamente pessimista do progresso tecnológico. Pelo contrário, o princípio de proactividade insta todas as partes a terem em conta as consequências, boas e más, de uma actividade, ao mesmo tempo que atribui medidas de precaução às verdadeiras ameaças com que nos confrontamos.

Enquanto a precaução em si implica usar de clarividência para antecipar e preparar-nos para possíveis ameaças, o princípio que se formou em torno do conceito ameaça o bem-estar humano. O princípio da precaução foi consagrado em inúmeros tratados e regulamentos ambientais internacionais, sendo urgente oferecer um princípio e um conjunto de critérios alternativos. A premência do princípio de proactividade ficará clara se compreendermos as falhas do princípio da precaução.
161

Por um lado, não posso discordar totalmente com o argumento de More, especialmente tendo em conta as minhas experiências passadas em Silicon Valley como empresário de internet a tentar singrar na inovação. No entanto, Max escreveu isto em 2005 — dez anos antes de atingirmos o ponto de viragem das tecnologias exponenciais. O que então parecia razoável mas ligeiramente centrado na tecnologia poderia conduzir hoje a decisões perigosas. Desejamos realmente que o nosso futuro seja determinado por administrações opacas e impunes, os senhores de Silicon Valley, gananciosos capitalistas de risco ou organizações militares como a Agência de Projectos de Investigação de Defesa Avançada dos EUA (DARPA)?

Capítulo 9
Felicidade: retirar o acaso da equação

Como podemos proteger as mais profundas formas de felicidade como a empatia, a compaixão ou a consciência, enquanto as grandes empresas tecnológicas simulam doses rápidas de prazer hedonístico?

Felicidade:
1. Concurso de circunstâncias que causam ventura.
2. Estado da pessoa feliz.
3. Sorte.
4. Ventura, dita.
5. Bom êxito.

Acaso:
1. Ocasião imprevista que produz um facto.
2. O que acontece fortuitamente.
3. Expressão usada para indicar uma hipótese (por exemplo: acaso haverá algum médico entre nós?).
4. Casualmente.
5. Talvez.

[In Dicionário Priberam da Língua Portuguesa (em linha)]

Afinal o que é a felicidade?

Ao longo deste livro, defendo que a busca da felicidade humana deveria ser o principal propósito do progresso

9 : FELICIDADE: RETIRAR O ACASO DE EDUCAÇÃO

tecnológico. A busca da felicidade é um componente essencial do ser humano, que nos une a todos. Tal como todos temos ética (embora não necessariamente uma religião), a busca da felicidade é um imperativo universal partilhado por todos os seres humanos, independentemente da cultura ou sistema de valores.

Todos nós nos empenhamos na constante busca da felicidade durante toda a vida. As nossas decisões diárias são impelidas por esse impulso de criar experiências agradáveis ou que nos preencham, quer deixando-nos levar pelo prazer momentâneo, adiando a satisfação imediata por um benefício a mais longo prazo ou procurando uma realização pessoal mais profunda para além das necessidades básicas de comida e abrigo. Conforme enfrentamos a futura convergência de Humanidade e máquina, penso que é essencial não confundir sorte com felicidade. A sorte é mais acidental, enquanto a felicidade é uma questão de conceber o enquadramento adequado. Estou firmemente convencido de que devemos colocar a busca da felicidade e o florescimento humano no epicentro do debate Homem-máquina. De que serviria a tecnologia se não promovesse a prosperidade humana? E sim, penso que é possível conceber o futuro de tal forma que não dependa apenas da sorte, mas sim de criar as melhores condições possíveis para a felicidade (falaremos mais sobre este assunto).

Tentar definir a felicidade pode ser uma proposição algo nebulosa, pois trata-se de um conceito abstracto e subjectivo. A Wikipédia define-a do seguinte modo:

> A felicidade é um estado durável de plenitude, satisfação e equilíbrio físico e psíquico, em que o sofrimento e a inquietude são transformados em emoções ou sentimentos que vão desde o contentamento até alegria intensa ou júbilo.[162]

Quando comecei a pesquisar o que é realmente a felicidade, confrontei-me repetidamente com uma distinção entre dois tipos de felicidade. A primeira, a felicidade hedonista, é um ponto alto mental positivo, geralmente temporário e muitas vezes descrito como prazer. Pode ser efémera, pode ser momentânea e muitas vezes leva-nos a adoptar hábitos. Por exemplo, alguns dos nossos prazeres hedónicos podem conduzir a vícios como a comida, o álcool ou o tabaco. As redes sociais como o Facebook têm sido muitas vezes descritas como uma «armadilha de prazer», um mecanismo de auto-apresentação hedonista e facilitação do prazer.

O segundo tipo de felicidade é conhecido como felicidade eudemonista, uma espécie de felicidade e contentamento mais profundos. A Wikipédia explica a *eudaimonia* da seguinte forma: «*Eudaimonia* é um termo grego, em geral traduzido como felicidade ou bem-estar.»[163] A «prosperidade humana» é outro significado popular de *eudaimonia* e constitui uma definição mais exacta no contexto deste livro.

Quando estudei teologia luterana em Bona, no início dos anos 80 (surpreendidos?), estava profundamente imerso na doutrina do antigo filósofo grego Aristóteles. Referia-se a *eudaemonia* quando escreveu, há 2300 anos, que «a felicidade é o sentido e a finalidade da vida, todo o objectivo e fim da existência humana». *Eudaemonia* é evidentemente um conceito central na filosofia aristotélica, juntamente com os termos *aretē* (virtude ou excelência) e *phronesis* (sabedoria prática ou ética).

A Eudaemonia, a *aretē* e a *phronesis* — perdoem-me a terminologia — tornaram-se, desde então, objectivos constantes do meu trabalho e considero-as centrais para compreender que caminho deve ser tomado pela Humanidade à medida que é «cilindrada» — ou deveríamos dizer «iludida»? — pela mudança exponencial. Por outras palavras, já estamos perdidos num sítio onde a Humanidade nunca tinha estado. No entanto, existem sabedorias antigas (como acima) que poderão ajudar-nos a sair deste labirinto de tecnologia em que nos enredamos cada vez mais.

9 : FELICIDADE: RETIRAR O ACASO DE EDUCAÇÃO

O que nos torna felizes?

Se o florescimento humano significava simplesmente uma vida mais agradável, negócios melhores e mais eficientes, mais lucro e crescimento constante impulsionado pela tecnologia, então cheguemos a um acordo para usar as máquinas e os algoritmos com a finalidade de alcançar isso mesmo. E, durante algum tempo, à medida que entramos na espiral da inevitável hipereficiência e naquilo que provavelmente será a abundância que acabará com o capitalismo, pode ser que funcione.

PIB, PNB ou FNB: critérios honestos de felicidade?

Se definirmos *prosperidade* de forma demasiado restritiva, principalmente em termos económicos ou financeiros, acabaremos com definições desactualizadas como Produto Interno Bruto (PIB) e Produto Nacional Bruto (PNB) em vez de uma medida mais inclusiva como a Felicidade Nacional Bruta (FNB).

A FNB é um indicador que surgiu originalmente na década de 1970 no Butão (um país que tive a oportunidade de visitar mesmo antes da conclusão deste livro). Significa aplicar uma abordagem muito mais ampla, mais holística e ecossistémica quando medimos o estado de uma nação. Por vezes inserida no contexto da felicidade política, a FNB baseia-se em valores tradicionais budistas, em vez dos valores tradicionais ocidentais como o PIB ou o PNB, normalmente indicadores de referência como crescimento económico, resultados e rendibilidade de investimentos e emprego. Os quatro pilares da FNB reflectem uma filosofia subjacente drasticamente diferente: o desenvolvimento sustentável, a preservação e a promoção de valores culturais, a conservação do ambiente natural e o estabelecimento da boa governação[164].

Da mesma forma, quando se trata de tomar decisões futuras sobre a relação entre tecnologia e Humanidade, vejo a FNB como uma interessante abordagem paralela porque coloca a felicidade directamente no centro da quantificação do progresso e do valor.

Os factores económicos não devem obscurecer as questões relacionadas com a felicidade — um critério evidente — e a eficiência nunca deve ser mais importante do que a Humanidade — uma das dez regras fundamentais no final deste livro.

Outra forma de medir o sucesso das nações é o Indicador de Progresso Genuíno (GPI, na sigla em inglês), que avalia 26 variáveis relacionadas com o progresso económico, social e ambiental[165]. O GPI é valioso porque tem plenamente em conta as externalidades. As consequências fazem parte da equação, que é basicamente o que proponho para abordar as consequências involuntárias da tecnologia. Os indicadores económicos do GPI incluem desigualdade e custos do desemprego; os indicadores ambientais incluem custos da poluição, alterações climáticas e recursos energéticos não renováveis; enquanto os indicadores sociais incluem valor do trabalho doméstico, ensino superior e voluntariado.

O que aconteceria se aplicássemos uma combinação de GPI e FNB para alcançarmos uma quantificação do progresso mais centrada na Humanidade? Esta questão será importante porque, se continuarmos a medir as coisas erradas, então provavelmente também iremos continuar a *fazer* as coisas erradas. Tal seria um erro crasso nesta era de progresso tecnológico exponencial. Em primeiro lugar, os erros resultantes teriam consequências imprevistas infinitamente maiores e, em segundo lugar, estaríamos mais uma vez a ceder demasiado poder à tecnologia e muito pouco aos seres humanos.

Se nos limitarmos a medir os dados concretos produzidos por determinada acção, como, por exemplo, quantas vendas foram fechadas por um determinado funcionário, então as nossas conclusões serão igualmente tendenciosas. Na prática, nenhum factor humano é assim tão simples de medir. Quantas relações com clientes importantes tem determinada pessoa? Sentirá empatia com os seus problemas e desafios? Quanto mais fingimos que os nossos dados (e a inteligência artificial, IA, que aprende com os mesmos) são 100% completos do ponto de vista humano,

9 : FELICIDADE: RETIRAR O ACASO DE EDUCAÇÃO

mais falaciosas são as conclusões do sistema. Temos tendência a ignorar os andrórritmos em favor dos algoritmos porque gostamos de atalhos e simplificações.

Medir quão eficiente pode ser um negócio ou um país devido à digitalização e à automação pode pintar um quadro económico muito promissor. No entanto, medir quão felizes seriam os seus funcionários ou cidadãos depois de tudo ter sido automatizado e robotizado pode apresentar uma perspectiva social muito diferente.

Já em 1968 o senador norte-americano Robert Kennedy sinalizava o PIB como um sistema métrico mal orientado que «mede tudo excepto o que faz a vida valer a pena»[166]. Para mim, isso evidencia um ponto crítico: os algoritmos podem medir ou até mesmo simular tudo, excepto o que realmente importa para os seres humanos. Dito isto, não quero menosprezar o que os algoritmos e a tecnologia em geral podem fazer por nós. Simplesmente, penso que é importante pôr a tecnologia no seu lugar, ou seja, incluí-la quando é adequado e não a incluir quando é prejudicial.

Uma definição errada do florescimento humano só dará mais poder às máquinas

A minha preocupação é que percebamos tarde demais que definimos mal o que é prosperidade. Aceitámos os prazeres hedonistas como sendo suficientemente bons porque podem ser frequentemente fabricados, organizados ou fornecidos pela tecnologia. As redes sociais ilustram-no muito bem: efectivamente, sentimos o prazer de sermos «gostados» pelos outros, o que é, sejamos francos, uma espécie de hedonismo... uma armadilha hedonista digital. Mas dificilmente viveremos a alegria de um contacto humano pessoal e significativo (do tipo PERMA, de Martin Seligman, um conceito que descreverei a seguir)[167].

Talvez só percebamos verdadeiramente a diferença nesse

momento final em que toda e qualquer característica que faz de nós humanos tiver sido substituída ou impossibilitada pela hipereficiente tecnologia, sempre em conformidade, quando tivermos perdido ou esquecido as competências para fazer algo sozinhos. Espero bem que não, mas, confrontados com estas mudanças tecnológicas exponenciais, é evidente que temos de começar a definir «prosperidade» como um crescimento saudável. Isso significa desenvolver uma visão mais holística do nosso futuro, uma visão que alcance além das abordagens meramente mecanicistas, reducionistas e muitas vezes hedonistas da felicidade, privilegiadas por tantos tecnólogos.

O psicólogo Martin Seligman afirma que a verdadeira felicidade não deriva exclusivamente de prazeres externos e momentâneos. Usa o modelo PERMA [*Pleasure, Engagement, Relationships, Meaning, Accomplishments*] para resumir as conclusões principais da sua investigação sobre psicologia positiva[168]. Em particular, os seres humanos parecem ser mais felizes quando têm:

- Prazer (comida saborosa, banhos quentes);
- Participação (ou fluxo, a absorção de uma actividade apreciada, mas desafiante);
- Relações (os laços sociais revelaram ser um indicador extremamente fiável de felicidade);
- Significado (a percepção de uma busca ou de pertença a algo maior);
- Realizações (alcançar objectivos tangíveis).

A tecnologia pode, de facto, facilitar significativamente o Prazer e as Realizações e possivelmente contribuir para a Participação. Pelo contrário, não acredito que a tecnologia seja efectivamente útil para promover Relações reais ou para estabelecer sentido, propósito ou Significado. Na verdade, é justamente o oposto, já que a tecnologia pode ser bastante corrosiva nas nossas relações, quando estamos obcecados com os nossos telemóveis num jantar de família.

9 : FELICIDADE: RETIRAR O ACASO DE EDUCAÇÃO

A tecnologia pode confundir significado e finalidade (por sobrecarga de dados e automatização descuidada), causar bolhas de filtro mais extremas (disponibilizando-nos somente aqueles conteúdos de que aparentemente gostamos) e facilitar uma maior manipulação da comunicação social. Sim, a tecnologia, como uma ferramenta e não como um objectivo, é e será sempre útil em todos os domínios mas, assim que subirmos na escala exponencial, a utilização excessiva e a dependência podem tornar-se igualmente prejudiciais.

Questiono-me muitas vezes sobre o que irá acontecer quando as tecnologias exponenciais entrarem realmente em cena. As nossas vidas tornar-se-ão mais hedonistas ou mais eudemonistas? Mais guiadas pela dose digital ou mais profundamente significativas? Cairemos nas mãos de prazeres ainda mais superficiais, nos quais as máquinas governam e mediam a nossa experiência, ou lutaremos pela felicidade, exclusiva do ser humano?

Compaixão — uma característica exclusiva relacionada com a felicidade

Um factor importante a considerar neste contexto é a compaixão. No seu livro de 2015, *Um Apelo do Dalai Lama Ao Mundo: A ética é Mais Importante do que a Religião,* o Dalai Lama fala sobre a relação entre felicidade e compaixão:

> Se queremos ser felizes, devemos praticar a compaixão, e se queremos que os outros sejam felizes, devemos praticar a compaixão.[169]

A compaixão, que em breves palavras é «a empatia com o sofrimento ou a desgraça dos outros», é uma das coisas mais difíceis de compreender e seguramente uma das mais difíceis de praticar. A compaixão é muito mais difícil do que a astúcia ou a destreza intelectual.

Consegue imaginar um computador, uma aplicação, um robô ou um produto de *software* compassivo? Uma máquina que sente o que nós sentimos, que se identifica com as nossas emoções e que sofre quando sofremos? Claro, podemos antever máquinas que consigam compreender emoções ou mesmo ler a compaixão no rosto humano ou a sua expressão corporal. Também conseguimos imaginar máquinas capazes de simular emoções humanas, simplesmente copiando ou aprendendo com o que fazemos, parecendo assim ter sentimentos reais.

No entanto, a principal diferença é que as máquinas nunca terão um sentido de ser. Não podem ser compassivas, podemos apenas ter a esperança de o simularem. Esta é, sem dúvida, uma distinção essencial sobre a qual devemos reflectir em pormenor quando consideramos os maremotos tecnológicos que em breve nos assolarão. Se confundíssemos uma simulação bem executada com o ser efectivo, tomando uma versão algorítmica de senciência por consciência real, teríamos sérios problemas.

Essa confusão é também a falha central do transumanismo.

Na minha opinião, as máquinas vão tornar-se extremamente boas, rápidas e baratas a simular ou a duplicar características humanas, mas nunca serão realmente humanas. O verdadeiro desafio será resistir à tentação de aceitar essas simulações como «suficientemente boas» e permitir que substituam interacções unicamente humanas. Seria insensato e perigoso abandonar uma *eudaimonia* verdadeiramente humana em troca dos ubíquos prazeres hedónicos oferecidos pelas máquinas.

Em *A Our Final Invention*, James Barrat escreve:

> Um sistema de IA potente com a missão de garantir a sua segurança poderá prender o leitor ou a leitora em casa. Se desejou felicidade, talvez isso o prenda a um suporte de vida e a ter de estimular incessantemente os centros de prazer do seu cérebro. Se não der à IA uma grande biblioteca de comportamentos preferidos ou meios inflexíveis para que esta os deduza, ficará com o que quer que a IA se lembre. E uma

9 : FELICIDADE: RETIRAR O ACASO DE EDUCAÇÃO

vez que se trata de um sistema extremamente complexo, a leitora ou o leitor poderá nunca chegar a compreendê-lo suficientemente bem para se certificar de que acertou.[170]

Felicidade *vs.* dinheiro: experiências *vs.* bens

As pessoas costumam dizer que a felicidade baseada nos bens materiais ou na situação financeira não é verdadeiramente importante. Várias pesquisas têm demonstrado que nos chamados países desenvolvidos a felicidade global aumenta quando as pessoas ganham mais dinheiro, mas apenas até certo ponto: diferentes estudos sugerem que valores além de 42 000-63 000 euros por ano não dão muito mais felicidade às pessoas. A correlação entre o rendimento e o bem-estar esbate-se a partir desse ponto[171].

A felicidade não pode ser adquirida ou comprada e, portanto, seria impossível enfiá-la numa aplicação, num *bot* ou em qualquer outra máquina. Algumas provas sugerem que as experiências têm um impacto muito maior na nossa felicidade geral do que os meros bens[172]. As experiências são pessoais, contextuais, oportunas e incorporadas. As experiências baseiam-se nas qualidades únicas que nos fazem humanos — os nossos andrórritmos.

Como foi observado no blogue do *The Huffington Post* em Abril de 2015 pelo Doutor Janxin Leu, director de inovação de produtos na HopeLab:

> Estudiosos da Universidade da Virgínia, da Universidade de British Columbia e da Universidade de Harvard publicaram um estudo em 2011 após examinar inúmeros artigos académicos em resposta a uma aparente contradição: quando solicitadas a fazer um balanço das suas vidas, as pessoas com mais dinheiro afirmavam estar bastante mais satisfeitas. Mas, quando questionadas sobre se eram felizes naquele momento, as pessoas com mais dinheiro dificilmente se distinguiam das

que tinham menos.[173]

A felicidade humana é, ou devia ser, o objectivo principal da tecnologia

A tecnologia, derivada das palavras gregas *techne* (método, ferramenta, competência ou especialidade) e *logos* (conhecimento, vindo dos deuses), foi sempre criada pelo ser humano para melhorar o seu bem-estar, mas agora parece provável que em breve a tecnologia seja usada para melhorar o próprio ser humano.

Costumávamos criar tecnologia para melhorar as nossas condições de vida, tornando a felicidade espontânea mais provável e mais predominante. Por exemplo, o Skype, o GoogleTalk e todo o tipo de aplicações de mensagens que nos permitem ligar a praticamente qualquer pessoa, a qualquer hora e em qualquer lugar. E tudo gratuitamente. Agora, porém, devido ao progresso tecnológico exponencial e combinatório, a tecnologia torna-se progressivamente um fim em si mesma e de si mesma. Queremos ter mais «gostos» no Facebook ou estamos constantemente a reagir a notificações e avisos porque o sistema exige atenção.

E se as ferramentas se tornam o significado, como já aconteceu com o Facebook? E se elas são tão irresistíveis e tão cómodas que acabamos por atribuir-lhes uma finalidade própria? Quando é que os *smartphones* e os ecrãs inteligentes, os *smartwatches* e os óculos de realidade virtual (RV) se vão tornar cognitivos e ser mais do que meras ferramentas? E se os nossos cérebros externos se puderem ligar directamente ao nosso próprio neocórtex?

A tecnologia não tem qualquer ética e vive numa nuvem de niilismo, um espaço sem crenças

Por mais que adoremos a tecnologia, temos de aceitar o facto de que esta não tem, nunca teve, nem nunca terá qualquer

9 : FELICIDADE: RETIRAR O ACASO DE EDUCAÇÃO

consideração inerente pelos nossos valores, crenças e ética. Só terá em conta os nossos valores como *feeds* de dados que explicam o nosso comportamento.

Os *bots* e os assistentes digitais inteligentes (ADI) vão progressivamente aspirando, lendo e analisando dezenas de milhões de *feeds* de dados sobre mim, mastigando cada rasto de migalhas digital que eu deixe cair. No entanto, por mais «dados Gerd» que reúnam e analisem, o *software* e as máquinas nunca compreenderão realmente os meus valores ou princípios éticos, porque não conseguem ser humanos como eu sou humano. Serão sempre aproximações, simulações e simplificações. Úteis, sim. Reais, não.

Permitam-me alguns exemplos dos desafios éticos suscitados pelos avanços tecnológicos.

Muitos cientistas nucleares não anteviam a criação da bomba atómica quando começaram a trabalhar nos desafios matemáticos e científicos subjacentes. Einstein considerava-se um pacifista, mas apesar disso encorajou o governo dos Estados Unidos a construir a bomba antes de Hitler. Também J. Robert Oppenheimer, geralmente considerado o pai da bomba atómica, lamentou as suas acções após Hiroxima e Nagasáqui[174]. No entanto, a ética do complexo militar e político em que operavam fez de ambos criadores reais de armas de destruição maciça.

A Internet das Coisas (IdC) é outro grande exemplo. É seguramente uma grande vantagem na recolha, ligação e combinação de imensas quantidades de dados de centenas de milhares de milhões de objectos ligados à internet. Por conseguinte, poderia ser uma solução potencial para muitos desafios globais como as alterações climáticas ou a monitorização ambiental.

A ideia é que assim que tudo for inteligente e estiver ligado poderemos tornar vários processos mais eficientes, reduzir custos e obter benefícios elevados com a protecção do ambiente. Ainda que sejam ideias inteligentes, os esquemas actuais de materialização da IdC ignoram quase completamente quaisquer considerações de ordem humana, andrórritmos e preocupações de ordem ética. Desconhece-se completamente como será mantida a privacidade neste cérebro global na nuvem, como será impedida a vigilância total e quem controlará todos estes novos dados. Neste momento, o foco centra-se nas maravilhas da eficiência e da hiperconectividade, enquanto as consequências involuntárias e as externalidades negativas não parecem preocupar ninguém.

No sector da saúde, o perito em abundância exponencial de Silicon Valley Peter Diamandis (cujo trabalho habitualmente admiro), elogia a Human Longevity, Inc., a sua nova *startup* criada com o pioneiro da genética Craig Venter, salientando como esta nos permitirá viver muito mais (possivelmente para sempre[175]). No entanto, parece ignorar em grande medida a maior parte das questões éticas ou morais que rodeiam o debate em torno do envelhecimento, da longevidade e da morte.

Quem poderia pagar os tratamentos? Apenas os ricos viverão mais de 100 anos? O que significaria acabar com a morte? A morte é realmente uma doença, como diz Diamandis, ou é parte integrante e imutável do ser humano? As questões são muitas, mas, tal como nos primórdios das investigações em armas nucleares, muitos dos tecnólogos de Silicon Valley parecem estar a avançar avidamente sem um pouco de reflexão sobre os problemas que as suas inovações podem causar.

> «*A morte é uma grande tragédia... uma perda profunda... Não a aceito... Penso que as pessoas estão a enganar-se a si próprias quando dizem que não têm medo da morte.*» — RAY KURZWEIL[176]

A mensagem-chave, aqui, é que a tecnologia, como o dinheiro, não é boa nem má. Simplesmente existe como um meio. Na década de 50, Octavio Paz, o grande poeta mexicano, resumiu-o bem:

> O niilismo da tecnologia não reside apenas no facto de esta ser a mais perfeita expressão da vontade de poder, mas também

9 : FELICIDADE: RETIRAR O ACASO DE EDUCAÇÃO

no facto de carecer de sentido. «Porquê?» e «Para quê?» são questões que a tecnologia não coloca a si mesma.[177]

Pergunto-me se o niilismo das tecnologias exponenciais também seria exponencial. Mil vezes niilista e talvez igualmente narcisista? Acabaremos derradeiramente como uma espécie completamente desprovida de consciência, de mistério, de espiritualidade e de alma, porque simplesmente não haverá espaço para estes andrórritmos na futura era das máquinas?

Há duas coisas essenciais a considerar neste contexto:

1. A melhor tecnologia deve sempre ser concebida, em primeiro lugar e acima de tudo, pensando no florescimento da felicidade humana, ou seja, não tendo em mente o mero crescimento e lucro porque lutar por mero crescimento exponencial e lucro transformar-nos-á, muito provavelmente, num futuro não tão longínquo, em máquinas. Este novo paradigma representa uma mudança dramática para qualquer empresa ou organização.
2. A tecnologia com consequências potencialmente catastróficas, como a geoengenharia ou a inteligência artificial geral, deve ser orientada e supervisionada por aqueles que têm demonstrado possuir sabedoria prática — o que os antigos gregos chamavam *phronesis*. A gestão dessas tecnologias não deve ser remetida para criadores de tecnologia, corporações, burocratas militares, empresas de capital de risco ou para as maiores plataformas de internet do mundo.

A que se resumirá todo o progresso tecnológico se não prosperarmos enquanto espécie, se não alcançarmos algo que realmente nos eleve a outro plano de felicidade?

Por conseguinte, ao avaliarmos novas tecnologias ou a mais recente onda de avanços na ciência, tecnologia, engenharia e matemática (CTEM), devemos sempre perguntar-nos se uma determinada inovação irá realmente fomentar o bem-estar colectivo das partes envolvidas no processo.

Será que tecnologias mais baratas e mais rápidas, mais comodidade, mais abundância, consumo mais fácil, superpoderes ou mais lucros nos fazem realmente felizes? Será que melhores aplicações, *bots*, assistentes digitais inteligentes, realidade aumentada (AR) e realidade virtual (VR) ou acesso instantâneo a um cérebro global através de uma nova interface cérebro-computador (ICC) significam realmente que nós, como espécie e como indivíduos, vamos prosperar verdadeiramente? Ou serão principalmente os que criam, possuem e disponibilizam as ferramentas e plataformas que vão colher os frutos?

O objectivo deve ser o bem-estar humano

Quando discuto o futuro da tecnologia, sinto particularmente que o bem-estar — estar confortável, saudável ou feliz — está a tornar-se a palavra-chave. O bem-estar implica uma abordagem mais holística que vai muito além da medição das funções do nosso corpo, da nossa capacidade computacional mental ou do número de sinapses do nosso cérebro. Exprime personificação, contexto, tempestividade, ligação, emoções, espiritualidade e mil coisas que ainda não sabemos explicar nem compreendemos. O bem-estar não é algorítmico, é androrrítmico. Baseia-se em coisas como a confiança, a compaixão, a emoção e a intuição.

A tecnologia é muito boa a criar os chamados momentos de bem-estar, como poder ligar a um ente querido em qualquer lugar e em qualquer instante. No entanto, o bem-estar é algo que transcende largamente a mediação tecnológica. Depois de ter estado imerso no empreendedorismo de internet e ter explorado empresas emergentes de música digital durante quase dez anos, apenas após a morte súbita da minha empresa dotcom em 2002 percebi como o bem-estar mais holístico resulta das relações, do significado, do propósito e do contexto. A felicidade não pode

9 : FELICIDADE: RETIRAR O ACASO DE EDUCAÇÃO

ser automatizada!

A tecnologia pode fabricar felicidade?

As tecnologias exponenciais como a IA tentarão, sem dúvida, criar as condições para que a felicidade humana ou mesmo o bem-estar possam ser promovidos. Alguns tentarão também fabricá-la para nós — ou pelo menos uma aproximação digital da mesma. Cada vez mais, assistimos a argumentos de que a felicidade pode ser programada ou organizada ou orquestrada por tecnologia superinteligente. O argumento principal dos pensadores tecnoprogressistas é que ser feliz é apenas o resultado da acção dos neurónios certos, no momento certo, na ordem certa. Argumentam que tudo não passa de biologia, química e física e pode, portanto, ser compreendido, aprendido e copiado completamente por computadores.

> «Vemos uma sociedade cada vez mais dependente das máquinas e, no entanto, cada vez menos capaz de as fazer ou usar de forma eficaz.» — DOUGLAS RUSHKOFF, *Program or be Programmed*[178]

Talvez possamos criar uma espécie de máquina da felicidade que nos manipule, controle e nos programe a nós e ao nosso ambiente. Talvez haja uma aplicação para isso, ou pelo menos deveria haver. Espreite o *www.happify.com* para ver como a ideia de organizar a felicidade já está a ser comercializada — uma ferramenta de *software* que ensina felicidade! Só podemos imaginar que reviravoltas dará até 2025 — uma aplicação que se liga directamente ao nosso cérebro através de um ICC ou através de minúsculos implantes para se certificar de que estamos sempre felizes e, principalmente, de que consumimos felicidade o tempo todo?

Por vezes, parece-me que os empresários que exploram este tipo de inovação pensam que as emoções humanas, os valores e as crenças deviam ser sujeitos ainda a mais avanços exponenciais de CTEM. A justificação parece ser a de que, assim que avançarmos o suficiente neste caminho, tudo será programado por nós, incluindo (adivinhou) nós próprios. De seguida, podemos finalmente libertar-nos de todas as restrições biológicas e tornar-nos verdadeiramente seres universais. Por mim, mal posso esperar.

Bots de humor e prazeres da *tech*

A tecnologia já é capaz de criar, programar ou manipular momentos de prazer (isto é, felicidade hedónica), um negócio que irá certamente disparar no futuro próximo. Já acontece no *feed* de notícias do Facebook, que apresenta apenas os itens que fazem o leitor ou a leitora sentir-se bem e receber «gostos». Já acontece no comércio electrónico, com os *sites* de compras que empregam hordas de neurocientistas para um ajuste fino de novos mecanismos de satisfação instantânea digital. Está a ser feito na saúde com os nootrópicos (chamadas drogas inteligentes ou estimuladores cognitivos) que supostamente lhe dão uma dose de superpoderes mentais.

E, em breve, será feito através da hábil manipulação dos nossos sentidos através das conversas controladas por voz e gestos (sem ter de escrever) que vamos ter com os nossos omnipresentes assistentes digitais. Acontecerá também através de dispositivos de RA/RV como os *Oculus Rift* do Facebook e novos tipos de interfaces ser humano-computador e implantes neuronais. Os computadores vão tentar fazer-nos sentir felizes. Depois, vão tentar ser nossos amigos. E vão querer que os amemos.

E só vai piorar (ou melhorar, consoante o seu ponto de vista).

Um artigo de Setembro de 2015 na revista *Nautilus,* por Adam Piore, sublinha como estes *bots* de humor poderão funcionar:

> James J. Hughes, um sociólogo, autor e futurologista do Trinity College de Hartford, vislumbra o dia, não muito

9 : FELICIDADE: RETIRAR O ACASO DE EDUCAÇÃO

distante, em que desvendaremos os determinantes genéticos de neurotransmissores centrais como a dopamina, a serotonina e a ocitocina e em que poderemos manipular os genes da felicidade (se não for o 5 HTTLPR ligado à serotonina, será algo parecido) com nanotecnologias de precisão que aliam a robótica à farmacologia tradicional. Estes «*bots* de humor», uma vez ingeridos, viajarão directamente para áreas específicas do cérebro, remexerão nos genes e brincarão com o ponteiro da nossa felicidade, alterando a forma como experienciamos as circunstâncias à nossa volta.

«À medida que a nanotecnologia se torna mais precisa, vamos ser capazes de afectar o humor de forma cada vez mais precisa nas pessoas normais», diz Hughes, que é também director executivo do Instituto para a Ética e Tecnologias Emergentes e autor do livro de 2004 intitulado *Citizen Cyborg.*
179

Diria que a tecnologia digital já se tornou muito boa a providenciar prazeres hedónicos aos seus utilizadores. Basta pensarmos nas aplicações, assistentes pessoais digitais e redes sociais em geral, onde o objectivo de estar ligado aos outros se reduz, frequentemente, a uma dose rápida de dopamina com base em respostas de estranhos.

De certa forma, as redes sociais são já «geradores de felicidade hedonista» bastante eficientes.

Mas, claro, a questão principal é o que poderiam os avanços tecnológicos exponenciais fazer para disponibilizar ou mesmo viabilizar a *eudaemonia* (a felicidade como sentido e finalidade da vida, como objectivo da existência humana), ou para apoiar a nossa luta em prol de um propósito nobre ou para descobrir o sentido da vida? Isto parece-me uma missão impossível simplesmente porque a tecnologia não pergunta qual a finalidade, nem se preocupa com esta. E porque haveria de fazê-lo?

Depois, resta saber se tal felicidade eudemonista pode ser planeada, orquestrada ou pré-organizada de todo, digital ou não.

Trata-se de um conceito que Viktor Frankl, o psicólogo austríaco e fundador da logoterapia, explora no seu livro de 1946, *O Homem em Busca de Um Sentido:*

> A felicidade não pode ser uma busca; tem de ser um resultado e só o será enquanto efeito colateral, não intencional, da dedicação pessoal a uma causa maior ou como um derivado da renúncia de si mesmo em favor do outro. Quanto mais um homem tenta demonstrar a sua potência sexual ou uma mulher a sua capacidade de ter um orgasmo, menos capazes serão de alcançar o prazer. O prazer é, e deve continuar a ser, um efeito colateral ou produto derivado, e destrói-se ou deteriora-se quanto mais se torna um objectivo em si mesmo.[180]

A ideia de que os prazeres hedónicos são um subproduto de um florescimento maior *(eudaemonia)* tem todo o sentido para mim. Daí, o meu argumento de que devemos adoptar a tecnologia, sentir o prazer que dela advém, mas não nos transformarmos em tecnologia, já que tal impossibilitaria a experiência de uma verdadeira *eudaemonia*.

Cuidado com o que deseja

O debate sobre se devemos alargar a longevidade humana drasticamente e prosseguir o fim da morte é um grande exemplo da dificuldade em determinar se um avanço tecnológico em particular resultará na prosperidade humana. Aponta também para um dos maiores dilemas que enfrentaremos em breve: se algo pode ser feito, isso significa que deve ser feito? Devemos considerar não fazer algo porque podem ter efeitos colaterais negativos no florescimento humano?

As tecnologias revolucionárias de edição genética como o CRISPR-Cas9 podem ajudar-nos a combater o cancro ou a doença de Alzheimer e contribuiriam claramente para o nosso bem-estar colectivo. No entanto, outras aplicações desta magia

9 : FELICIDADE: RETIRAR O ACASO DE EDUCAÇÃO

científica podem trazer-nos bebés programáveis, uma longevidade incompreensivelmente alargada ou mesmo o fim da morte para a Humanidade (provavelmente, apenas para os poucos que têm os recursos significativos necessários!). Como vamos certificar-nos de que o progresso vai ser 95% positivo para a Humanidade e que não causará perturbação social, terrorismo ou desigualdade exponencial?

Em Silicon Valley, o epicentro da convergência entre humanos e tecnologia, Peter Diamandis gosta de dizer: «A questão é quanto as pessoas estariam dispostas a pagar por mais 20, 30 ou 40 anos de vida saudável. É uma enorme oportunidade.»[181] Esse comentário é expressivo da filosofia de Silicon Valley: tudo é uma oportunidade de negócio, até a felicidade humana!

Vejamos a ascensão do que o divulgador de ciência, Amy Maxman, num artigo da revista *Wired* em Julho de 2015, chama «O motor do Génesis», ou seja, o conceito de edição do ADN humano[182]. O primeiro passo será a análise do ADN de milhares de milhões de pessoas para identificar os genes responsáveis por diferentes doenças. Serão necessários uma enorme capacidade computacional e o amplo apoio do público para este conceito. Em segundo lugar, uma vez identificado o gene responsável por algo tão prejudicial como o cancro (supondo que será assim tão simples), a etapa seguinte será encontrar formas de remover ou suprimir esse gene para que a doença não se desenvolva. Terceiro, basicamente seria a ideia de programar pessoas como programas de *software* ou aplicações — remover os erros e adicionar funcionalidades.

Parece-lhe um futuro promissor? A maior parte das pessoas responderia com um retumbante «Sim!» porque parece bom demais para ser verdade. No entanto, a perspectiva é arrepiante quando pensamos no que essas façanhas científicas podem representar num contexto mais amplo: quem poderia pagar tais tratamentos? Quem regularia onde poderiam ser aplicados? Abriríamos a porta aos sobre-humanos e fechá-la-íamos aos bons velhos humanos? A possibilidade de programar os nossos genes não nos transformaria cada vez mais em algo semelhante a uma máquina?

Por um lado, editar o genoma humano para erradicar doenças resultaria definitivamente no aumento do nosso bem-estar e da nossa felicidade, mas essas mesmas potencialidades poderiam resultar facilmente em guerras civis ou terrorismo. Imagine que apenas o super-ricos tinham a possibilidade de prevenir todas as doenças potencialmente fatais e viver 150 anos, enquanto os restantes mortais definhariam aos 90 anos ou menos, ou não poderiam mesmo pagar cuidados básicos de saúde. Se está a pensar em tumultos civis causados por puro desespero, não pense mais. Como poderíamos sequer pensar em disponibilizar tais possibilidades sem primeiro analisar questões éticas e societais tão incómodas? Por que haveríamos de gastar biliões de euros em CTEM e investir tão pouco naquilo a que chamo questões NÚCLEO da Humanidade, como a criatividade e a compaixão, a originalidade, a reciprocidade, a responsabilidade e a empatia?

Um exemplo positivo

Não precisamos de exemplos tão extremos para encontrar um argumento convincente a favor ou contra uma experiência humana digitalmente mediada. Consideremos a Wikipédia: uma base de conhecimento global sem fins lucrativos, um exemplo positivo de contribuição para o bem-estar colectivo *via* tecnologia. Em grande medida, a criação da Wikipédia impulsionou uma melhoria da sociedade. Numa altura em que o conhecimento e a informação não eram acessíveis a todos, a Wikipédia abriu o acesso a todos, em todo o mundo e sem ter de pagar por dicionários à moda antiga, bibliotecas ou bases de dados comerciais ou governamentais.

É certo que as pessoas em todo o mundo estão felizes por ter a Wikipédia, e o seu co-fundador, Jimmy Wales, é venerado por todos como tendo promovido o progresso colectivo da sociedade com esta inovação. As consequências involuntárias da Wikipédia,

9 : FELICIDADE: RETIRAR O ACASO DE EDUCAÇÃO

como o desaparecimento da versão impressa da *Encyclopaedia Britannica*, poderiam ser vistas, portanto, como insignificantes.

Por conseguinte, a Wikipédia constitui um bom exemplo de tecnologia ao serviço do bem-estar e da prosperidade humana, ainda que não seja perfeita. A título de exemplo, a inclusão em inglês deste vosso autor foi suprimida em 2011 por falta de visibilidade.

Pelo contrário, inovações como o Tinder, uma popular aplicação de encontros (só para o caso de a leitora ou leitor ainda não ter o prazer de conhecer), o Google Maps ou o Apple Watch não promovem realmente o bem-estar colectivo tal como fez a Wikipédia. Embora possivelmente sejam todos úteis e mesmo cativantes, são simplesmente expressões comerciais de uma abordagem «sim, podemos» da tecnologia como estilo de vida. Úteis, serão. Mas promover o bem-estar geral, provavelmente não, ou pelo menos não na mesma medida de uma Wikipédia.

Trocar a felicidade pelo hedonismo da tecnologia?

Imagine se pudéssemos simular facilmente a sensação de intimidade com um parceiro sexual humano utilizando um atraente e sofisticado robô sexual com IA (sim, estamos a falar de um sector em rápido crescimento, caso esteja a achar estranho)[183].

Seguramente que ter relações sexuais com robôs se considera decididamente uma experiência hedonista. Pergunto: continuaríamos tão interessados em procurar a felicidade e uma experiência sexual completa numa relação humana da vida real, onde temos de nos esforçar para que funcione? Ou habituar-nos-íamos à constante disponibilidade dos robôs sexuais e acomodar-nos-íamos, por puro comodismo? Quão tentador seria recorrer a essa atitude consumista perante o sexo? E, em contrapartida, quem somos nós para negar a alguém o direito de aproveitar tudo o que quiser?

É claro que se pode argumentar que perceberíamos a diferença — e perceberíamos, certamente. Mas que mudanças se dariam em nós, nas nossas mentes, ao usar constantemente robôs sexuais? Não ficaríamos algo confusos? Não distorceria a nossa percepção da realidade, a nossa visão do que é, efectivamente, o mundo real?

Os estudos sobre homens que vêem pornografia mostraram que o seu uso extensivo tem um impacto significativo na estimulação necessária para a excitação e para atingir um orgasmo[184]. Imagine como essa questão seria ampliada pelos robôs sexuais, que se vão tornar, com toda a certeza, muito inteligentes, baratos e incrivelmente parecidos com seres humanos. Basta ver alguns episódios da série do AMC, *Humans*, para percebermos como a história pode acabar[185]. Deveríamos então proibir os robôs sexuais porque nos levam a práticas não humanas? Não haveria mal nenhum em proibir as próximas gerações de robôs parecidos com humanos, socialmente ou noutra perspectiva, mas é improvável que isso impeça a sua comercialização. Este é apenas um exemplo de como os benefícios da tecnologia exponencial (neste caso, pele artificial, robótica e IA) poderiam conduzir-nos ao caminho da felicidade hedonista a um ritmo cada vez mais rápido, a baixo custo e com uma oferta generalizada.

Assim, a questão fundamental é a seguinte: irão as tecnologias exponenciais promover o nosso bem-estar e, em caso afirmativo, quem seria responsável por garantir que estas não tomam outro rumo, voluntária ou involuntariamente? Quem decide o que é humano e o que não é e em que momento atravessamos a linha que nos distingue das ferramentas que criámos?

É a tensão inerente entre Homem e máquina que a tecnologia não pode de todo resolver, mesmo que todo o cérebro humano e os seus 100 mil milhões de neurónios pudessem ser simulados. A compaixão e a felicidade, tal como a consciência, não existem em termos meramente biológicos ou químicos, mas antes na interacção holística de tudo o que é humano.

As máquinas ou o *software* dificilmente alcançarão esses estados, mesmo que melhorem rapidamente a forma como os simulam. É verdade que os programas de computador já conseguem medir ou detectar compaixão usando técnicas de reconhecimento facial e que o *software* provavelmente poderia simular compaixão depois de rever biliões de variações de expressões faciais e indicadores linguísticos.

As tentativas de primeiro definir e depois programar uma característica humana como a compaixão, ou algo tão misterioso como a consciência, parecem rebuscadas e inexequíveis num futuro previsível. Mas, mais uma vez, será o facto de uma simulação excelente ser «suficientemente boa» para a maior parte de nós que representa o verdadeiro risco?

Estou cada vez mais apreensivo com a ideia de que mais cedo ou mais tarde possamos contentar-nos com algo «suficientemente parecido».

Pôr a tecnologia no seu lugar

Essencialmente, não acredito que os computadores, os programas de *software*, os algoritmos ou os robôs sejam alguma vez capazes de desenvolver compaixão ou empatia como um ser humano. Robôs e IA como assistentes e auxiliares, sim, mas nunca como mestres.

Deveríamos realmente estar a utilizar modelos matemáticos ou máquinas inteligentes para optimizar resultados emocionais? E, no contexto das máquinas inteligentes, devemos realmente tentar implementar melhor tecnologia para resolver problemas sociais ou políticos, como, por exemplo, recorrer a técnicas de vigilância autoritárias para pôr termo ao terrorismo?

Os complexos valores androrrítmicos devem permanecer no domínio dos seres humanos, porque somos melhores a criar expressões das suas variações e porque o envolvimento directo com esses problemas é crucial para a *eudaemonia*, a felicidade mais profunda.

Interrogo-me muitas vezes se o progresso tecnológico exponencial criará uma felicidade humana exponencial, para além de 1% de criadores, proprietários e detentores de lucros dessas geniais máquinas miraculosas. Será uma meta virtuosa construir uma máquina humana perfeita, liberta de todas as suas imperfeições e ineficiências, para que possamos finalmente tornar-nos deuses, o que quer que isso signifique?

Não sei o que pensa quem me lê, mas não é um mundo que eu gostasse de ajudar a construir. Propor esse caminho é como brincar com o nosso futuro e condenar, à partida, o futuro dos nossos filhos e das gerações vindouras.

A felicidade não pode ser programada em máquinas, automatizada ou vendida. Não pode ser copiada, codificada ou aprendida a partir de um conjunto de dados. Deve emanar e crescer dentro de nós e entre nós, e a tecnologia está aqui para nos ajudar, como ferramenta. Somos uma espécie que usa tecnologia, não uma espécie destinada a ser tecnologia.

Finalmente, reflicta sobre isto: na língua inglesa, a própria palavra *felicidade* provém da palavra viquingue para *sorte, happ.* Isto relaciona-se igualmente com a noção de casualidade ou acaso. Os apologistas da tecnologia podem professar que estão a libertar as nossas vidas do lado negativo do acaso, que todos sabemos ser incalculável, desde a doença à pobreza, até à própria morte. No entanto, ao fazê-lo, poderão estar a alterar sistematicamente a capacidade do ser humano de experienciar níveis mais profundos de felicidade que não dependem de circunstâncias mensuráveis.

Sim, por favor, usemos as ferramentas que a tecnologia nos oferece para eliminar os perigos e os riscos de sermos humanos no planeta Terra. Mas não, não nos tornemos ferramentas das nossas ferramentas, trocando a nossa consciência mercurial e o nosso livre-arbítrio por um monte de bugigangas e emoções fáceis como nativos inocentes de um Novo Mundo.

Capítulo 10
Ética digital

*A tecnologia não tem qualquer ética —
mas a Humanidade precisa de ética.*

Vamos fazer uns cálculos exponenciais. Se continuarmos neste caminho, em apenas oito a doze anos (dependendo de quando começamos a contar) o progresso tecnológico global vai saltar do ponto de viragem de quatro para 128. Ao mesmo tempo, o alcance dos nossos princípios éticos continuará a progredir lentamente, ao longo de um percurso de melhoria linear, passo a passo e à escala humana, de quatro para cinco, ou seis se tivermos sorte. Irá melhorar ligeiramente à medida que nos formos adaptando a um novo enquadramento.

Mesmo que deixe de se aplicar a Lei de Moore aos *microchips*, muito provavelmente vários domínios da tecnologia — desde as comunicações de banda larga à inteligência artificial (IA), passando pela aprendizagem profunda — crescerão pelo menos exponencialmente e com efeitos combinatórios, com as alterações a reforçarem-se mutuamente[186].

Façamos *zoom* para daqui a dez anos e poderemos de facto acabar 95% automatizados, hiperconectados, virtualizados, supereficientes e muito menos humanos do que hoje podemos imaginar. Uma sociedade a percorrer sonâmbula o caminho de crescimento exponencial das megamudanças (ver capítulo 3), uma sociedade que não pára para reflectir sobre as consequências para os valores humanos, crenças e ética, uma sociedade que é guiada por tecnólogos, capitalistas de risco, mercados bolsistas e forças armadas, muito provavelmente embarcará numa verdadeira Idade da Máquina.

Então o que é a ética? Contornando a resposta mais simples — é como devemos viver — a palavra grega *ethos* significa costume e hábito[187]. Hoje, é frequente utilizarmos ética como sinónimo de moral, valores, pressupostos, propósitos e crenças. A principal preocupação da ética é saber se algo é correcto ou não, em determinada circunstância. O que lhe parece certo a si é regido pela sua ética e em muitos casos é difícil explicar porque algo não nos parece correcto. E esse é claramente um dos desafios de um entendimento sobre os princípios éticos mais elementares para a era exponencial em que estamos prestes a entrar. Não obstante, tentarei mais tarde formular algumas regras éticas ou princípios para orientar o desenvolvimento da tecnologia.

> *«Actualmente, uma tarefa importante é diferenciarmo-nos das nossas máquinas. É redescobrir, por exemplo, que todo o conhecimento é conhecimento da Humanidade e nada que mereça o nome de ideal será encontrado num mundo manipulado, mas apenas em nós mesmos.»* — STEPHEN TALBOTT[188]

O australiano Larry Churchill, especialista em ética da biologia, sugere: «A ética, entendida como a capacidade de pensar de forma crítica sobre valores morais e orientar as nossas acções em função de tais valores, é uma capacidade humana geral.»[189]

Logo, se a ética, o pensamento crítico sobre os valores morais e a orientação das nossas acções em conformidade, é, de facto, genericamente uma capacidade humana, deveríamos (a) esperar que as máquinas ou os computadores alguma vez a entendessem e ser assim muito cautelosos quanto à sua crescente capacidade de auto-aprendizagem, ou (b) tentar codificar algum tipo de ética fundamental no *software* e ensinar as nossas máquinas a, pelo menos, compreendê-la e respeitá-la (o tema da chamada ética das máquinas)[190]? É uma questão importante à qual vamos procurar responder.

O que acontece à nossa ética se as máquinas se tornarem autodidactas?

As questões éticas surgem rapidamente a par do progresso exponencial da tecnologia. Por exemplo, no caso dos veículos autónomos, quem deve o carro atropelar se o acidente for absolutamente inevitável? No caso dos robôs de cuidados domiciliários, o que deve fazer o robô se a paciente se recusar a tomar a medicação? Quando as máquinas deixarem de seguir árvores de decisão pré-programadas e começarem a aprender, aprenderão também essas coisas que até para os seres humanos é difícil expressar ou codificar? Os seres humanos simplesmente não pré-programam decisões como: «Se esta doente tem 35% de hipóteses de ter um problema de saúde que implica risco de vida, então terá de tomar estes medicamentos mesmo que seja necessário usar a força.» Evidentemente, os humanos fazem uma coisa num momento e outra noutra altura e, sim, cometem erros.

Aceitaríamos isso de um robô e aceitaríamos ser tratados dessa forma por um robô?

No conto de 1942 intitulado «Andando em Círculos», o escritor de ficção científica Isaac Asimov definiu as suas célebres Três Leis da Robótica:

1. Um robô não pode fazer mal a um ser humano e nem, por omissão, permitir que algum mal lhe aconteça.
2. Um robô deve obedecer às ordens dos seres humanos, excepto quando estas contrariem a Primeira lei.
3. Um robô deve proteger a sua integridade física, desde que, com isto, não contrarie a Primeira e a Segunda leis.

Serão estas leis pertinentes, ainda hoje, ou iriam directamente para a reciclagem com máquinas que aprendem sozinhas? Talvez um robô de cuidados de saúde tivesse de magoar um ser humano (embora indirectamente) porque outro ser humano, mais autorizado (por exemplo, um médico ou médica) lhe deu instruções para forçar a medicação. Como é que o nosso robô saberia quais os limites do bom senso? Será que o nosso *software* bloquearia o frigorífico se estivéssemos a fazer uma dieta rigorosa? Desligaria o telefone e a internet para nos impedir de encomendar uma *pizza*? Monitorizaria a nossa casa de banho à procura de sinais de consumos suspeitos?

Neste contexto, é evidente que uma IA jamais será verdadeiramente inteligente sem um qualquer módulo de orientação ética porque, sem ele, provavelmente não encontraria as últimas peças do *puzzle* ético que um humano usaria, falhando sempre nas alturas cruciais. Imagine uma IA que conduz o seu veículo autónomo e não sabe se deve ou não atropelar um animal na estrada.

Mas mesmo se construíssemos robôs inteligentes em termos de aprendizagem e de tomada autónoma de decisões, actualmente ainda se encontram no ponto zero em termos de inteligência emocional e social (dois termos em si mesmos difíceis de explicar ou quantificar).

A aprendizagem das máquinas é uma das minhas principais preocupações no que respeita à ética. A aprendizagem profunda é a área da IA que tem sido objecto dos maiores investimentos desde 2015[191] e é muito provável que assim continue nos próximos anos. Não vamos ter outra quebra na IA, como quando os investidores deixaram de financiar empreendimentos nesta área porque foram grandes as promessas e parcos os resultados.

Imagine se (quando?) máquinas e supercomputadores infinitamente potentes forem capazes de aprender a resolver praticamente qualquer problema apenas com base num enorme fluxo de dados em tempo real, ou seja, sem comandos ou programação prévios. A vitória do AlphaGo da Google DeepMind, que vimos antes, é um excelente exemplo dessas capacidades de aprendizagem em acção[192].

Com a aprendizagem profunda, as máquinas mais potentes conseguem descobrir as regras flexíveis, os valores e os princípios subjacentes, podendo assim compreendê-los e possivelmente simulá-los. No entanto, se este é o próximo grito da computação (a IBM gosta de lhe chamar «computação cognitiva»), nós, meros humanos, não teríamos forma de avaliar se as recomendações da IA estão correctas ou não, porque as capacidades computacionais das máquinas excederiam drasticamente as nossas. Um problema realmente perverso — se inventarmos máquinas com várias ordens de grandeza para além das nossas próprias capacidades, com QI de 50 mil e superiores, como sabemos se poderemos confiar nelas? E quem as irá supervisionar? Tornar-se-ão sencientes de qualquer outra forma? Deveríamos dotá-las de uma ética humana básica e desejável e seria isso sequer possível?

No artigo de 1987 da revista *AI* intitulado, «Uma questão de responsabilidade», Mitchell Waldrop escreveu:

> Uma coisa evidente é que... as máquinas inteligentes irão incorporar valores, pressupostos e finalidades, quer os seus programadores conscientemente o desejem ou não. Por conseguinte, à medida que computadores e robôs se tornam progressivamente mais inteligentes, torna-se imperativo que pensemos cautelosa e explicitamente sobre que valores incorporados serão esses.[193]

Esta questão assume ainda maior relevância quando estamos prestes a entrar na era exponencial porque temos de reflectir sobre os quadros éticos adequados a todas as tecnologias exponenciais, incluindo a IA, a geoengenharia, a computação cognitiva e, naturalmente, a edição do genoma humano em particular. Isto inclui tanto os quadros (in)voluntariamente programados nas máquinas pelos seus inventores ou construtores humanos, como aqueles que as máquinas podem aprender por si e desenvolver ao longo do tempo.

Se o Watson da IBM é uma verdadeira máquina inteligente, como lidará com parâmetros e valores humanos vagos, ambíguos ou indizíveis mesmo entre os seres humanos? Será essa ética de IA pré-programada ou desenvolvida e adaptada, usando redes neuronais de aprendizagem profunda que tentam mimetizar a forma como o cérebro adquire novas informações? E se as máquinas aprendem autonomamente, como poderão os seres humanos verificá-las, controlá-las ou ajustá-las? Como supririam estes sistemas a miríade de permutações culturais da ética humana?

As questões científicas mais prementes sobre a IA e a aprendizagem profunda, como a viabilidade técnica de controlar essas novas inteligências, ficam muito além do escopo deste autor e deste livro, para já, mas de qualquer modo é óbvia a gigantesca tarefa que temos pela frente. Com efeito, num futuro muito próximo, um especialista em ética digital poderá tornar-se um dos profissionais mais procurados, a par do cientista de dados. Talvez seja um bom trabalho para os seus filhos, também...?

Nem religião...?

Também é importante recordar que ética não é o mesmo que religião. No seu esclarecedor livro de 2011, *Beyond Religion,* o Dalai Lama afirmou que todos temos ética e só algumas pessoas têm religião, apelando de seguida ao estabelecimento de uma ética laica global para orientar as decisões mais elementares, como as que recaem sobre sistemas autónomos de armas com o poder de matar sem supervisão humana[194]. Ética *versus* religião é uma distinção essencial que precisamos de reforçar quando discutimos temas quentes como a edição do genoma humano ou a amplificação não biológica dos seres humanos. Penso que devíamos deixar a religião à porta nestes debates porque as opiniões religiosas não são tão uniformes e omnipresentes como os princípios éticos e os valores mais elementares e possuem uma carga histórica bastante pesada.

Arthur C. Clarke sublinhou esta distinção essencial numa entrevista de 1999:

Agora as pessoas pressupõem que a religião e a moral estão

necessariamente ligadas. Mas a base da moral é realmente muito simples e não exige qualquer religião.[195]

A criação de um Conselho de Ética Digital Global: como definir a ética adequada à era exponencial?

Gostaria de me ater a duas preocupações principais: em primeiro lugar, tentar definir um conjunto de princípios éticos globalmente aceitáveis para uma era exponencialmente digital. Em segundo lugar, tentar definir o que seria necessário fazer para garantir que o bem-estar humano e as preocupações éticas se mantêm efectivamente no topo da agenda global e não são usurpados pela inteligência artificial.

Precisamos de definir um conjunto de princípios definitivos de ética digital. Uma ética adequada à era digital, suficientemente aberta para não pôr travão ao progresso ou entraves à inovação, mas suficientemente forte para proteger a nossa humanidade. Uma bússola, não um mapa, rumo a um futuro testemunha de tecnologias cada vez mais potentes que primeiro capacitam, depois aumentam e finalmente ameaçam progressivamente a Humanidade.

Assim, proponho que se crie um Conselho de Ética Digital Global (GDEC, em inglês) incumbido da tarefa de definir as regras fundamentais e os valores mais básicos e universais de uma sociedade completamente digitalizada e tão drasticamente diferente.

É comummente aceite que os Estados párias não devem ter poderio nuclear ainda que o possam pagar. Esta situação é na verdade complexa e percorrida por mentiras e enganos (e sempre a mudar), mas o acordo essencial mantém-se e é aplicado porque a alternativa envolve riscos incalculáveis.

Da mesma forma, temos agora de chegar a acordo sobre os limites e uma monitorização independente do alcance e dos progressos da futura IA, da edição do genoma e de outras tecnologias exponenciais.

Para dar início a esta conversa, deixo abaixo algumas falácias do espantalho. Sei que é uma tarefa hercúlea, e sim, claro, pode parecer presunçoso tentar. Mas temos de começar, por isso posso ser já o primeiro a meter-me em sarilhos.

Para apoiar o GDEC, necessitamos também de um manifesto simples sobre ética digital, uma espécie de tratado global sobre direitos humanos exponenciais num mundo cada vez mais digital. Um manifesto dessa natureza e subsequente tratado poderiam servir para guiar e responsabilizar as empresas que inventam, produzem e vendem essas tecnologias (e os seus governos). Isto é realmente importante porque as implicações da mudança tecnológica exponencial na existência humana já não podem ser tratadas como simples externalidades, como um efeito colateral que não gera preocupações imediatas para aqueles que o causam.

O GDEC que eu imagino teria de incluir indivíduos esclarecidos da sociedade civil, das universidades, do governo, das empresas e da tecnologia, bem como pensadores independentes, escritores, artistas e líderes de opinião. (Este escritor teria todo o gosto em participar!) Este comité tem de ser global desde o início e poderá eventualmente necessitar de poderes semelhantes ou até mais alargados do que os dos relatores especiais da ONU para os Direitos Humanos — nomeadamente o direito de monitorizar, aconselhar e divulgar publicamente problemas e infracções[196].

À semelhança do que costumava passar-se com a sustentabilidade, a ética é frequentemente uma última alínea da ordem de trabalhos, porque «parece bem», e que pode ser adiada sempre que surge algo mais urgente. Trata-se de uma abordagem fundamentalmente errada e muito perigosa para defender o nosso futuro. À medida que caminhamos para uma era palco de desenvolvimentos cruciais que ocorrerão gradualmente e depois subitamente, não teremos uma rampa de lançamento para chegarmos à nossa ética quando esta já tiver sido irremediavelmente esmagada pelas máquinas inteligentes. «Esperar para ver» significa simplesmente abdicação humana.

Um novo cálculo moral

Temos de investir tanto tempo e recursos na ética digital como investimos nas tecnologias exponenciais. Analisar as consequências indesejadas das tecnologias exponenciais e evitar danos para a Humanidade, para além dos riscos existenciais, exige apoio igual ao que damos às ciências que agora impulsionam essas mudanças. O factor humano requer tanto financiamento e promoção como a ciência. Não pode haver caule (*STEM*: ciência, tecnologia, engenharia e matemática) sem o seu NÚCLEO (*CORE*: criatividade, originalidade, reciprocidade e empatia).

No livro *Machines of Loving Grace* (2015), o jornalista do *New York Times* John Markoff salienta a necessidade deste novo cálculo moral:

> Os optimistas têm esperança de que os potenciais abusos dos nossos sistemas informáticos sejam minimizados se a aplicação da inteligência artificial, da engenharia genética e da robótica continuar focada nos seres humanos, em vez de algoritmos. Mas o historial da indústria tecnológica não se tem destacado pela moral nem pela ética. Seria verdadeiramente surpreendente se uma empresa de Silicon Valley rejeitasse uma tecnologia rentável por razões éticas. Hoje, as decisões sobre a implementação de tecnologia são tomadas, em grande medida, com base na rentabilidade e na eficiência. O que é necessário é um novo cálculo moral.[197]

Cinco novos direitos humanos para a era digital

Aqui ficam cinco direitos humanos básicos que humildemente sugiro para integrar um futuro Manifesto de Ética Digital:

1. **O direito de permanecer natural, ou seja, biológico** — Devemos ter a opção de existir num estado não aumentado. Precisamos de preservar o direito a ter emprego, a usar os

serviços públicos, a comprar coisas e a funcionar em sociedade sem a necessidade de implantar tecnologia nos nossos corpos. Estes medos #LigadoouDispensado [#WiredOrFired] constituem já um problema (embora considerados essencialmente inofensivos) no que respeita a dispositivos móveis e redes sociais. No entanto, facilmente imaginamos um futuro onde poderemos ser obrigados a usar óculos, visores ou capacetes de realidade aumentada (RA)/realidade virtual (RV) para conseguir um emprego ou, pior, a utilizar ou implantar *wetware* específico como um requisito de emprego. Um mero ser humano já não seria suficiente — e esse não é um futuro promissor.
2. **O direito de ser ineficiente se e quando tal definir a nossa humanidade** — Devemos poder escolher ser mais lentos do que a tecnologia. Não devemos tornar a eficiência mais importante do que a Humanidade. Em breve, será muito mais eficiente e muito mais barato utilizar diagnósticos de saúde digitais através de plataformas como a Scanadu do que uma consulta no médico. Penso que estas tecnologias são, no seu todo, positivas e poderão ser uma das chaves para reduzir os custos dos cuidados de saúde. No entanto, devemos penalizar as pessoas que fazem outras escolhas ou obrigar a agir em conformidade aquelas que não querem os seus dados de saúde na nuvem?
3. **O direito a desligar** — Devemos preservar o direito de desligar a conectividade, de «desaparecer» da rede e de parar comunicações, localizações e monitorizações. Será de esperar que muitos empregadores e empresas façam da hiperconectividade um requisito-padrão num futuro próximo. Como empregado ou condutor autorizado pode ser considerado responsável pela desconexão não autorizada se já não puder ser localizado na rede. Sermos autónomos e estarmos desligados tecnicamente quando escolhemos é um direito fundamental porque desligar

permite-nos voltar a concentrar-nos num ambiente não mediado e simplesmente estar. Reduz igualmente o risco de obesidade digital (ver capítulo 7) e diminui o alcance da vigilância involuntária. Estar *off-line* pode ser o novo luxo, mas deve continuar a ser um direito fundamental.

4. **O direito de ser anónimo** — Neste mundo hiperligado, deveríamos continuar a ter a opção de não sermos identificados e localizados, como quando usamos uma aplicação ou plataforma digital ou quando comentamos ou criticamos, se não for inofensivo para outros e não infringir os direitos de mais ninguém. Sim, há ocasiões em que o total anonimato seria impossível e provavelmente pouco razoável, como em transacções bancárias digitais. No entanto, temos de ter a certeza que os espaços protegidos se mantêm, sem que a localização seja a norma. Por exemplo, quando expressamos opiniões políticas, partilhamos fotografias pessoais ou obtemos aconselhamento médico. O anonimato, o mistério, o acaso e os erros são atributos humanos centrais que não devíamos tentar eliminar com meios tecnológicos.

5. **O direito a empregar ou envolver pessoas em vez de máquinas** — Não deveríamos permitir que empresas ou empregadores sejam prejudicados se quiserem utilizar pessoas em vez de máquinas, mesmo se mais caro e menos eficiente. Em vez disso, devemos dar benefícios fiscais àqueles que o fazem e ponderar impostos de automatização para empresas que reduzam drasticamente o número de funcionários em favor de máquinas e *software*. Esses impostos teriam que ser disponibilizados para reconverter as pessoas vítimas do desemprego tecnológico.

É importante observar que muitos destes direitos tocam numa questão importante no cerne deste debate: quanta liberdade estamos dispostos a sacrificar para sermos mais eficientes ou estarmos mais seguros? Temos de perguntar igualmente qual deve ser a ética de segurança e como se adaptará a tecnologia a esta questão crucial.

Quinze *nãos* ousados

No âmbito do desenvolvimento e da incorporação de uma ética digital globalmente consistente e clara, deixo alguns exemplos específicos de armadilhas tecnológicas que devemos evitar se queremos que a Humanidade prevaleça.

Estou profundamente consciente de que, ao oferecer um *kit* de iniciação ao debate, alguns destes mandamentos possam revelar-se excessivamente simplistas, idealistas, impraticáveis, utópicos, incompletos e controversos. Por conseguinte, apresento-os como um simples início de discussão.

1. Não exigiremos ou planearemos que os seres humanos se transformem gradualmente em tecnologia, apenas porque tal responderia aos desejos das empresas tecnológicas e/ou estimularia o crescimento.
2. Não permitiremos que os humanos sejam governados ou guiados por tecnologias como a IA, a IdC ou a robótica.
3. Não alteraremos a natureza humana através da programação ou fabrico de novas criaturas com a ajuda da tecnologia.
4. Não aumentaremos os seres humanos para obter poderes sobrenaturais que desvaneceriam a distinção clara entre Homem e máquina.
5. Não capacitaremos as máquinas para se capacitarem a si mesmas, contornando assim o controlo humano.
6. Não tentaremos substituir a confiança pelo controlo nas nossas comunicações e relações apenas porque a tecnologia o possibilita de forma universal.
7. Não planearemos, justificaremos ou desejaremos vigilância total devido à ideia de necessidade de segurança total.
8. Não permitiremos que *bots*, máquinas, plataformas ou outras tecnologias inteligentes assumam funções

democráticas essenciais na nossa sociedade que devem efectivamente ser assumidas pelos próprios humanos.
9. Não procuraremos diminuir ou substituir a cultura humana da vida real com simulações algorítmicas, aumentadas ou virtuais.
10. Não tentaremos minimizar os defeitos humanos para optimizar a tecnologia.
11. Não tentaremos abolir o erro, o mistério, o acidente e o acaso ao usar a tecnologia para os prever ou evitar e não envidaremos esforços para tornar tudo explícito apenas porque a tecnologia pode viabilizá-lo.
12. Não criaremos, manipularemos ou distribuiremos qualquer tecnologia com o objectivo principal de gerar dependência.
13. Não exigiremos que os robôs tomem decisões morais nem lhes facultaremos meios para desafiar as nossas decisões.
14. Não exigiremos ou estipularemos que os seres humanos sejam exponenciais por natureza.
15. Não confundiremos um algoritmo limpo com uma imagem fiel da realidade humana («o *software* está a iludir o mundo»), nem daremos poder indevido à tecnologia apenas porque gera benefícios económicos.

Estamos a aprender bastante com as redes sociais sobre tudo se estar a tornar explícito: o indizível, a vida nas entrelinhas, tornou-se subtilmente o foco das atenções, anunciado de forma audível e amplificado pelo pensamento colectivo. Apesar da minha preferência por determinado grupo de direitos civis, organização política ou causa social ter sido explícita no passado, nem todos a conhecem. Agora que tudo está ligado, cada comentário meu pode ser visto imediatamente, analisado por todos e colectivizado.

Não devemos procurar eficiência em detrimento da Humanidade

As tecnologias exponenciais estão a tornar rapidamente tudo à nossa volta cada vez mais eficiente. Consequentemente, tudo está a tornar-se um serviço, tudo está na nuvem e tudo é inteligente. Mesmo a peça de *hardware* mais obtusa terá sensores, contribuindo para um maremoto global de dados que, a par com a IA, pode ter a solução para praticamente qualquer problema[198].

Vamos imaginar como esse mundo seria em 2030. Quando tudo é literalmente controlado, medido e hipereficiente, o que acontecerá às coisas que não podem ser facilmente quantificadas? O que vamos fazer às emoções, à surpresa, à hesitação, à incerteza, à contemplação, ao mistério, aos erros, aos acidentes, ao acaso e aos outros traços distintivos do ser humano? Tornar-se-ão indesejáveis porque os algoritmos e as máquinas são perfeitos, programados para não errar, trabalham 24 horas por dia, 365 dias por ano, não pertencem ao sindicato e, em geral, fazem o que lhes dizem? (Bem, pelo menos as menos inteligentes...)

Fomentar o progresso tecnológico implicará que um ser humano com demasiados desses traços ilegíveis pelas máquinas seja considerado um desperdício de tempo ou, pior, seja tratado como uma avaria na caixa de velocidades da grande eficiência?

Será que nos vamos adaptar cada vez mais e alterar o nosso comportamento para que possamos parecer mais eficientes? Será que a ideia de eficiência total se vai tornar o grande ponto de equilíbrio, forçando-nos a um comportamento mais uniforme? Será que a obsessão com a tecnologia e a sua absoluta eficiência e consistência acabarão por anular a aceitação tácita da diferença e da ineficiência humana? Tudo isto me parece plausível, ainda que demore mais tempo a acontecer aqui na Europa (e muito mais na Suíça, onde resido)!

Se alcançar a eficiência mais elevada possível continuar a ser uma preocupação central, então fazer disparar o desempenho das máquinas na era exponencial significa que provavelmente não haverá qualquer envolvimento humano em nada e a curto prazo. Passar de quatro para 128 na escala da tecnologia na próxima década sugere que muitas tarefas poderiam ser 32 vezes mais rápidas do que hoje. Consegue imaginar o comércio, os bancos e os transportes a tornarem-se 32 vezes mais eficientes do que hoje em dia? Seriam também 32 vezes mais baratos e, nesse caso, como se reflectiria isso na nossa economia?

Temos de ser extremamente cautelosos ao tomar decisões com base na pura eficiência que quase certamente causarão a perda de postos de trabalho humanos, retirarão autoridade humana ou, de outro modo, levarão os humanos a automatizar, delegar e abdicar (ver capítulo 4).

Em muitos casos, poderemos ter de viver com essas temíveis ineficiências e aceitar que fazem simplesmente parte da vida humana, mesmo constituindo obstáculos à automatização. A alternativa seria fazer aplicar a eficiência de forma implacável e dispensar aqueles que não cumprem os requisitos: se quisermos ver o nosso médico pessoalmente em vez de usar o dispositivo de diagnóstico remoto, pagaremos uma multa. Se não permitirmos a localização constante do nosso carro não teremos direito a seguro. Se não aceitarmos o implante de um *chip* não poderemos trabalhar em determinada empresa.

A área médica tem alguns precedentes úteis para os debates que ainda estão por vir. Há algum tempo que tem sido defendido que as cesarianas são mais eficientes do que os partos naturais e que por isso devemos renunciar completamente a esse privilégio. Aqui está um caso claro de eficiência em detrimento da Humanidade[199]. Ao testemunhar o poder exponencial da tecnologia, antevejo o próximo passo: a ectogénese, ou gravidez fora do útero, com bebés nascidos em laboratórios.

Seria eficiente controlar o seu carro ou qualquer outro meio de transporte, 100% do tempo, relativamente a cada parâmetro, como velocidade, direcção, aceleração, temperatura interior e qualidade do ar exterior? A resposta é sim. Mas serviria igualmente um propósito digno de um ser humano? De certa forma, a resposta também é sim: utilizar veículos autónomos e analisar os seus dados poderia contribuir para reduzir significativamente a poluição e pôr fim a grande parte dos acidentes. Mas, em muitos outros aspectos, o controlo constante seria igualmente prejudicial porque constituiria a ferramenta de vigilância mais perfeita já inventada, obrigando-nos a agir «em conformidade», sempre.

Precisamos urgentemente de questionar-nos se queremos realmente substituir as sensibilidades e capacidades humanas inatas pela promessa de funcionalidades mecânicas perfeitas e eliminar gradualmente o próprio significado de sermos humanos. Poderemos tornar as coisas ultra-eficientes, mas estaríamos a destituir-nos de qualquer finalidade.

E se apenas os 2% mais ricos tiverem acesso aos novos tratamentos genéticos que prometem uma esperança de vida e longevidade nunca vistas, enquanto os restantes 98% ficam a ver? Assistiríamos a mais agitação civil e terrorismo causados por uma desigualdade ainda mais gritante, impulsionada por avanços tecnológicos exponenciais? Imagine o que aconteceria se uma tal «correcção de ADN» para o envelhecimento fosse possível e apenas os milionários pudessem pagar para viver até aos 150 anos, enquanto a restante população morria mais ou menos como é habitual. Parece evidente que os actuais paradigmas éticos, sob a pressão do omnipotente capitalismo e das previsões do mercado bolsista, não têm resposta para estes dilemas.

A vida para além do algoritmo

Então, o que podemos fazer quanto à tecnologia dominar onde não deve? Como podemos evitar transformarmo-nos em meros objectos da hipereficiência de *bots*, alimentando uma IA gigantesca que, por sua vez, determina as nossas vidas e nos diz o que já não podemos continuar a fazer?

Temos de questionar-nos se estamos a fazer algo porque é ineficiente para as máquinas ou porque é positivo para os utilizadores humanos e temos de fazer esta pergunta mais frequentemente. Temos de colocar esta questão quando votarmos novas leis, quando iniciarmos um negócio ou quando damos o nosso dinheiro a empresas de tecnologia. Votar com as nossas carteiras é uma ferramenta poderosa que os consumidores ainda não usaram o suficiente, principalmente quando está em causa a ética digital. Ironicamente, com a tecnologia, esse direito vai tornar-se cada vez mais fácil de exercer.

A questão ética, a finalidade e o significado devem anteceder a viabilidade e o custo. Em antecipação, a questão principal da tecnologia não será se algo pode ser feito, mas porquê, quando, onde e por quem.

Outra forma de resposta pode ser simplesmente dizer não, recusar participar mais frequentemente, rejeitar as tecnologias e os processos, as aplicações e o *software* que não são claramente adequados para uso humano mas servem simplesmente para ampliar o poder dos algoritmos. Talvez devêssemos criar um autocolante com um aviso sanitário como nos maços de tabaco, dizendo que este programa, aplicação ou dispositivo «prejudica gravemente a felicidade humana». Embora a eficiência e os lucros elevados possam ser, por vezes, um objectivo válido e, em última análise, uma das pedras angulares do capitalismo, não devemos usar a tecnologia para promover uma espécie de atalho/buraco de minhoca para a eficiência como a meta mais importante e mais digna do ser humano. É um tipo de pensamento maquinal que não nos vai ajudar, a longo prazo.

Capítulo 11
Terra 2030: paraíso ou inferno?

Embora muitas das mudanças sísmicas no horizonte sejam de louvar, como trabalhar por paixão em vez de ganhar a vida, muitos dos privilégios mais básicos que vemos como dados adquiridos, como a liberdade de escolha em termos de consumo e o livre-arbítrio no nosso modo de vida, poderão tornar-se ecos do que já foi ou exclusivos de indivíduos com uma gigantesca fortuna pessoal. Paraíso ou inferno?

Enquanto escrevo estas palavras, em 2016, vivemos já numa era em que a ficção científica se está a tornar facto científico. Já vivemos a ficção científica e, por vezes, os efeitos adversos das escolhas das gerações anteriores: a tradução automática, carros quase autónomos, nanorrobôs na nossa corrente sanguínea, inteligência artificial (IA) que pode travar guerras cibernéticas por nós e frigoríficos que falam com os nossos *smartphones* que, por sua vez, enviam os nossos dados ao médico.

Então, avancemos até 2030, pensemos nos futuros plausíveis de um mundo reformulado pela mudança tecnológica exponencial e imaginemos alguns cenários inferno-paraíso (#hellven). Abaixo, apresento uma cronologia de cenários possíveis que se estende até 2030.

2020: Hiperconectividade e hipermanipulação

Como tudo está agora hiperligado, os dez grandes cérebros globais, anteriormente plataformas de internet e empresas de

11 : TERRA 2030: PARAÍSO OU INFERNO?

media, usam algoritmos para medir e determinar o que eu devo ver, quando e como.

Em 2016, uma pequena empresa muito acarinhada chamada Facebook usava algoritmos para gerar notícias perfeitamente direccionadas ao meu perfil, fidelizando assim a minha participação na plataforma e evitando que recebesse demasiadas opiniões discordantes ou mensagens negativas.

Hoje, uma vez que há seis mil milhões de pessoas «sempre ligadas» em todo o planeta, todos vemos informações e conteúdos diferentes. Interagimos com estas plataformas através da realidade aumentada (RA), da realidade virtual (RV) e dos ecrãs holográficos, ou através de assistentes digitais inteligentes (ADI) e *de bots,* de aplicações antiquadas e daquilo a que costumávamos chamar *sites.* Em 2020, os *sites* tradicionais estarão a desaparecer como os carros a gasolina porque as IA na nuvem fazem esse trabalho por nós e não precisam de interfaces gráficas atraentes ou *designs* inteligentes.

Os editores humanos são cada vez mais raros, pois os grandes dados, as nuvens inteligentes e as IA revelaram-se mais eficientes, populares e praticamente gratuitas. Além disso, não se opõem a nada, e os publicitários, as marcas e os partidos políticos podem tirar melhor partido destes sistemas e gastar os seus orçamentos de *marketing* de forma mais eficiente.

Os algoritmos de previsão ajudam agora a prevenir a criminalidade. Usando *feeds* de dados disponíveis publicamente da polícia, do trânsito, das obras públicas, da segurança social e dos departamentos de planeamento, as cidades conseguem identificar focos problemáticos. Podem depois cruzar esta informação com dados extraídos dos *feeds* das redes sociais, de *e-mails,* da actividade das redes sem fios, etc. A IA analisa os dados, descobre novas correlações e sugere medidas de prevenção de crimes, como aumento de patrulhas de polícia, isolamento de reincidentes ou alerta possíveis autores de crimes para o facto de estarem a ser vigiados.

Em 2020, o mundo está a ficar hiperligado, automatizado e superinteligente — e todos beneficiamos.

2022: O meu melhor amigo está na nuvem

Enxames de assistentes digitais inteligentes e *bots* de *software* vivem na nuvem, assumindo inúmeras tarefas de rotina.

- Não pesquisamos os melhores restaurantes ou hotéis — o nosso *bot* de viagem já o fez por nós.
- Não avisamos a nossa médica se tivermos algum problema — o nosso *bot* de saúde já a informou, ou mais provavelmente o seu *bot*.
- Não descobrimos como ir de um lugar para outro — o nosso *bot* de transporte já tem tudo organizado.
- Não pesquisamos mais nada. Os nossos *bots* conhecem-nos e conhecem os nossos desejos, e comunicam-nos infinitamente melhor do que tudo o que possamos escrever na caixa de pesquisa de um computador. Literalmente, todas as pesquisas já foram previstas e as respostas estão lá quando precisarmos.

O meu ego digital na nuvem tornou-se uma verdadeira cópia de mim mesmo graças a uma combinação de ferramentas rápidas, baratas e ultrapoderosas, incluindo tecnologias móveis na nuvem, personalização, reconhecimento de voz e de imagem, análise de humor e de sentimentos. Ainda não tem um corpo, mas lê os dados do meu, constantemente. Não tem sentimentos verdadeiros, mas lê seguramente os meus. Esta cópia digital de mim ficou conhecida como o HelloMe.

O HelloMe ouve-me, observa-me, sincroniza-me e imita-me e, no que respeita aos meus dados, conhece-me melhor do que qualquer humano. O meu ego digital está ligado a outros *bots* e IA que, entretanto, se tornaram bons amigos. Se precisar de informações ou recomendações é só perguntar à nuvem; se me sentir sozinho, peço ao HelloMe para falar comigo, tal como faria com um amigo, mas sem o incómodo do passado em comum, dos compromissos ou de ter de combinar coisas. Os dispositivos móveis foram integrados no meu corpo, utilizando revestimentos de RA/RV nos meus óculos, visores ou lentes de contacto e muito em breve teremos implantes neuronais que nos libertarão de qualquer interface externa.

Em 2015, as crianças tinham a Hello Barbie. Agora temos o HelloMe, uma quimérica voz inteligente, amigável e omnipresente que me entende e que torna a minha vida muito mais fácil.

Ao longo do tempo, construí uma relação com o HelloMe e considero-o agora um querido amigo. Mal posso esperar pelo momento em que o HelloMe consiga reproduzir o ego de outras pessoas que podem já não estar acessíveis. Por exemplo, se tiverem morrido ou se me tiverem bloqueado como aconteceu com a minha ex-namorada. Em breve, o HelloMe será capaz de comunicar exactamente como essa pessoa, em qualquer altura e em qualquer lugar, tornando todo aquele processo aborrecido e demoradíssimo de construir uma relação uma coisa do passado. Também adicionámos um corpo robótico à equação... As pessoas paraplégicas podem agora controlar exoesqueletos e voltar a andar e os custos estão a diminuir drasticamente. As interfaces cérebro-computador (ICC) estão a ser usadas para pilotar aeronaves e navios porta-contentores gigantes. Transformar os nossos pensamentos e actividade cerebral associada em accionadores de computadores está a alterar a forma como interagimos com as máquinas em todos os sectores económicos e culturais. Somos mais livres do que nunca para contemplar, criar, questionar e ponderar.

Em vez de tomar medicação para reduzir os piores efeitos de doenças como colesterol elevado, tensão arterial alta ou diabetes, somos cada vez melhores a identificar, antes de mais, o que provoca a doença. Começámos a aplicar a nanotecnologia, a IA e a biologia na nuvem para resolver os principais problemas de saúde. Identificámos os genes que podem controlar o aparecimento de certos tipos de cancro. Assim que conseguirmos manipular esses genes de forma segura, estaremos no bom caminho para manipular e contornar essas doenças. Paraíso ou inferno?

Em 2022, o meu ego digital mudou-se para a nuvem e tem vida própria.

2024: Adeus privacidade e anonimato

A tecnologia tornou-se tão rápida, tão poderosa e profunda que não conseguimos evitar ser localizados, observados, registados e monitorizados — sempre. A Internet das Coisas (IdC) ligou os nossos carros, casas, electrodomésticos, parques e cidades, bens de consumo, medicamentos e, naturalmente, os nossos equipamentos electrónicos e máquinas. A Internet de Tudo liga as nossas mentes à rede. O conceito, outrora futurista, de um segundo neocórtex (uma ligação directa a um cérebro externo na nuvem) está a tornar-se lentamente realidade. O novo terreno mais apetecível para as *start-ups* está no desenvolvimento e fornecimento de suplementos e serviços de cópias de segurança para redes neuronais baseadas em máquinas que acabarão por ligar-se directamente ao nosso próprio neocórtex através das ICC.

Os dispositivos móveis são agora quase inteiramente comandados por voz e gestos. Grande parte dos computadores tornou-se invisível. Estão sempre lá, sempre a observar, sempre a ouvir e sempre sob o nosso comando.

A conectividade é ubíqua: 90% do mundo está ligado a muito alta velocidade e muito baixo custo. Nada nem ninguém está *off-line*, nunca. A menos que possa dar-se ao luxo de desligar ou visitar um dos mundos fora de linha: os Alpes Suíços, populares como destino de férias de «*detox* digital». Estar *off-line* é o novo luxo, sem dúvida.

Desligarmo-nos ou recusarmo-nos a partilhar dados pessoais é socialmente inaceitável e penalizado economicamente. As

11 : TERRA 2030: PARAÍSO OU INFERNO?

sanções podem incluir uma redução drástica no acesso a serviços essenciais como navegação, transporte e mobilidade, bem como prémios exorbitantes nos seguros ou nos cuidados de saúde: se não der os seus dados, não tem o serviço. A verdadeira privacidade da era pré-internet é apenas para os muito ricos porque só eles podem dar-se ao luxo de utilizar tecnologia que orquestra as suas vidas digitais e paga os benefícios sem sofrer o efeito do pan-óptico (tudo o que acontece será vigiado). Os substitutos digitais (*bots* incorporados que representam pessoas reais) fazem furor, mas são extremamente caros e o seu estatuto e legalidade são frequentemente pouco claros.

Ou está ligado ou é dispensado. Uma vez que tudo o que nos rodeia está ligado, localizado e monitorizado, tornou-se obrigatório estar completamente ligado no trabalho. E «no trabalho» já não significa estar numa determinada secretária num determinado edifício. Muitos dos que questionaram este tipo de ambiente de trabalho estão agora sem trabalho porque ficaram para trás nas classificações de produtividade, supervisionadas, naturalmente, por um *bot*!

Os empregadores não conseguem resistir à sedutora eficiência. A RA, os dispositivos virtuais e as aplicações tornam agora mais fácil navegar através de grandes quantidades de dados ou de *media*. Uma vasta gama de ferramentas pode fornecer profunda imersão multissensorial em temas complexos que costumavam exigir dezenas de pessoas e muitos dias de trabalho. É como se o nosso cérebro estivesse ligado a um segundo neocórtex na nuvem, deixando-nos entrar num espaço inteiramente novo de desempenho neuronal que transcende as nossas limitações anteriores.

Já não restam segredos. Tudo o que precisamos de fazer é falar com uma máquina, a qualquer hora, em qualquer lugar, e ela encontra as respostas. Tudo isto gratuitamente, ainda que algumas informações sejam pagas a preço de ouro. O sector da previsão e definição de perfis está em alta, fazendo parecer os equipamentos de extracção de dados de 2016 uma ferramenta da Idade da Pedra.

A tecnologia de leitura de rosto é tão avançada que consegue ler milhares de rostos em milésimos de segundo, arquivar expressões emocionais e criar mapas completos do rosto com o que estávamos a sentir, em qualquer lugar e em qualquer momento.

Os cérebros globais construídos pelas 14 principais empresas tecnológicas e plataformas reúnem os dados de seis mil milhões de utilizadores ligados a todo o instante e em todo o lado. Uma IA extremamente potente monta os nossos perfis, deduz quem somos e o que poderemos fazer a seguir. É uma mina de ouro para serviços de segurança, polícia e governos, e impulsiona grandemente o *marketing,* a publicidade e os negócios em geral.

O dinheiro é agora completamente digital, eliminando o último refúgio de anonimato. Pagar com dinheiro é coisa do passado e invariavelmente proibido. Cada pastilha de hortelã, cada café, cada bilhete de autocarro e cada *shot* de uísque está nos livros (ou melhor, na nuvem), registados algures, partilhados algures, emitindo alertas algures e contribuindo para o que o cérebro global sabe sobre nós. O dinheiro digital também tornou impossível receber dinheiro de quem quer que seja — adeus trabalho clandestino, adeus gorjetas livres de impostos, adeus pequenas fugas na sua declaração de IRS.

Os bancos estão a perder os outrora habituais e enormes fluxos de receitas das escandalosas taxas de transferência, processamento e incompetente consultoria financeira, mas agora também têm o seu quinhão no sector das plataformas e dos dados. Agora, há muito mais para vender do que apenas serviços financeiros: os dados dos consumidores tornaram-se a nova moeda das instituições financeiras. Os dados não são apenas o novo petróleo, são também a nova moeda. O crime e as guerras são praticamente digitais. Agora que tudo e todos estão ligados e tudo é uma fonte de dados em tempo real, tornámo-nos completamente dependentes da conectividade. O que quer que a perturbe é considerada uma agressão ao «sistema». Ataques às infra-estruturas de tecnologia, acesso não autorizado aos nossos dados e manipulação de informações tornaram-se uma ameaça constante e mais de 50% do orçamento da defesa de cada nação é usado para combater as falhas de segurança, o cibercrime e batalhas digitais de todos os tipos. O campo de batalha é digital e as IA são os novos soldados.

Muito em breve, pensar vai deixar de ser um acto privado. ICC e implantes baratos e fáceis de usar começam a aparecer em tudo quanto é sítio, permitindo alguma comunicação directamente para e a partir dos nossos cérebros, expandindo o nosso neocórtex para a nuvem. Cada pensamento provoca uma reacção física nos nossos cérebros e organismo, que muito em breve poderá ser registada e parcialmente utilizada para saúde pessoal, entretenimento e a segurança.

Em 2024, estamos constantemente ligados a máquinas cada vez melhores a ler as nossas mentes.

2026: A automatização de tudo e o rendimento básico universal

Longe vão os dias em que tarefas de rotina, manuais ou intelectuais, eram feitas por um ser humano, operário ou administrativo. As máquinas aprenderam a compreender linguagem, imagens, emoções e crenças. As máquinas podem também falar, escrever, desenhar e simular emoções humanas. As máquinas não podem ser, mas podem pensar. Centenas de milhões de postos de trabalho estão a ser entregues a máquinas em centros de atendimento telefónico, na manutenção, na contabilidade, na área jurídica, no comércio, na indústria transformadora e nos serviços financeiros. A investigação e o desenvolvimento estão agora a cargo das máquinas. Vimos os primeiros exemplos de IA a trabalhar como cientistas há cerca de dez anos. Em 2020, começavam a ser melhores que os cientistas humanos na rapidez com que faziam descobertas científicas. Os robôs digerem agora diariamente milhares de *feeds* de dados e fazem experiências na nuvem, oferecendo abordagens absolutamente novas a desafios científicos fundamentais.

Os postos de trabalho exclusivamente humanos são progressivamente mais raros mas, em geral, tudo o que não pode ser digitalizado, automatizado, virtualizado ou robotizado valoriza a cada minuto que passa. As equipas de pessoas e máquinas são o novo normal. Em grande parte das situações, uma máquina a trabalhar com um humano ainda ultrapassa qualquer máquina que trabalhe sozinha.

O rendimento começa a dissociar-se do trabalho e a remuneração do número de horas de trabalho. Ser pago por resultados, rendimento e desempenho emerge como modelo de remuneração dominante. Trabalhar menos é finalmente o novo normal (certamente, o paraíso para muitos).

Os custos da maioria dos bens de consumo e serviços, como transportes, alojamento, meios de comunicação social e comunicações, diminuem drasticamente porque as máquinas fazem todo o trabalho pesado, tornando grande parte dos produtos e serviços muito mais barata. A única coisa que é cada vez mais cara é escolher não ser localizado ou monitorizado o tempo todo.

A lógica económica de trabalhar para ganhar a vida desvanece-se; em vez disso, começamos a trabalhar por um objectivo. Um rendimento básico garantido (BIG, na sua sigla em inglês) está já em vigor em doze países, incluindo a Suíça e a Finlândia, e espera-se que se torne um padrão global nas duas décadas seguintes, inaugurando uma nova era pós-capitalista.

Com as máquinas a fazer o trabalho mais difícil, um número crescente de pessoas faz o que gosta em vez de fazer aquilo que paga as contas. O rendimento básico garantido tornou-se um factor-chave na felicidade social, impulsionando um novo *boom* nas artes, no artesanato, no empreendedorismo e no intelectualismo público.

Em 2026, a automatização é generalizada, os postos de trabalho estão em declínio e as normas sociais estão a ser reescritas.

2028: O livre-arbítrio é coisa de ricos

Porque tudo o que fazemos, dizemos, vemos e, cada vez mais, sentimos e pensamos pode ser controlado e quantificado, assistimos ao declínio da importância da livre vontade, a nossa capacidade ancestral de tomar as nossas próprias decisões sem pressões externas que nos obriguem a agir em conformidade. Já não podemos desviar-nos tão facilmente do que o sistema entende ser melhor para nós, porque tudo é observado. Passamos a ter vidas mais saudáveis e responsáveis, reduzimos os custos com cuidados médicos e tornamos possível uma segurança quasi-perfeita. No entanto, não sabemos muito bem se estamos no paraíso ou no inferno.

Já não controlamos a nossa própria alimentação porque a obesidade e o excesso de consumo revelaram ser grandes encargos para os sistemas de saúde pública em todo o mundo. Açúcar, tabaco, álcool e cafeína são substâncias estritamente regulamentadas. Todos se devem apresentar frequentemente em procedimentos de controlo, tanto do lado das entradas (comida), como das saídas (resíduos humanos).

As impressoras 3D há muito tempo que se tornaram tão baratas como as impressoras de jacto de tinta, sendo os maiores custos a tinta e os ingredientes que alimentam a impressora. As impressoras de alimentos usam agora componentes orgânicos e saudáveis para imprimir *pizzas*, bolos, pão e sobremesas à medida, e temos ainda mais escolhas se usarmos componentes artificiais. Os alimentos tornaram-se tão abundantes como a informação, a música ou os vídeos.

No entanto, a nossa lista de compras é determinada pelo que somos autorizados a consumir, que é determinado pelo nosso *feed* de dados na nuvem da saúde. Os frigoríficos não abrem até um tempo predeterminado e os restaurantes não nos servem nada sem a autorização do nosso assistente digital inteligente.

Em última análise, isto é muito melhor para todos: as pessoas são mais saudáveis, os governos estão a poupar dinheiro e as empresas de bens de consumo rápido dispõem agora de uma forma directa de vender um produto 100% personalizado a cada consumidor. A menos que, obviamente, o leitor ou a leitora disponha de recursos ilimitados para manipular o sistema, comprar ou criar falsas identidades digitais, ter acesso a uma dessas impressoras 3D realmente caras, ou arranje alimentos no mercado negro, por exemplo, num mercado da *Darknet* como a Milk Road, um sucessor do *site* de mercado negro Silk Road, dos inícios do século XXI.

Mas, como sabemos, a livre vontade foi sempre sobrestimada!

Em 2028, as nossas vidas passaram a ser controladas, guiadas e alvo de curadoria; o livre-arbítrio e a livre escolha são agora direitos exclusivos dos super-ricos.

2030: Os 90 são os novos 60

Em 2030, a tecnologia e o sector farmacêutico convergiram quase completamente. As maiores doenças da Humanidade, incluindo o cancro, os diabetes, as doenças cardíacas e a sida estão a ser objecto de estudo da bioengenharia avançada. Actualmente, muito raramente tomamos comprimidos para combater mal-estar ou doenças. Em alternativa, usamos cada vez mais a tecnologia e a edição genética para observar, prever, e prevenir o aparecimento de doenças.

Porque analisámos o ADN de milhares de milhões de seres humanos ligados através da biologia na nuvem e da computação quântica, podemos agora determinar com grande certeza o gene exacto responsável por desencadear uma doença exacta. Daqui a cerca de cinco anos seremos capazes de prevenir o cancro.

A longevidade explodiu, alterando completamente os nossos sistemas sociais. Uma vez que a maior parte de nós pode viver de forma muito saudável até aos 90 anos, e uma vez que os robôs e o *software* fazem a maior parte do trabalho árduo, podemos passar o nosso tempo a ajudar as gerações seguintes a compreender o passado e a descobrir o futuro. E porque o rendimento básico garantido foi instituído em muitas cidades e em muitos países, não temos de nos preocupar com a reforma ou em ganhar a vida como os nossos pais e as nossas mães.

Em 2030, a sociedade é mais velha, mais saudável, liberta do trabalho e em busca de significado.

Inferno-paraíso, um caminho inevitável?

O futuro — não vejo problema nenhum... Os cenários são plausíveis e ligeiramente conservadores quando comparados com as visões e aspirações tecno-progressivas. A tecnologia ganhou a guerra com a Humanidade, se é que se tratou de uma guerra. Que necessidade temos de valores humanos antiquados e do acaso quando os riscos e as desvantagens de se estar vivo estão a ser erradicados a uma velocidade alucinante?

Com a Humanidade finalmente a controlar o seu próprio futuro, quem precisa de sonhar outro futuro?

Capítulo 12
Hora de decidir

Está na hora de escolher a sua equipa.

Este livro foi inspirado na obra de inúmeras pessoas que expressaram preocupações semelhantes e só espero que ajude a suscitar um debate global sobre a finalidade e a ética da tecnologia, e a ética daqueles que a inventam e disponibilizam.

Os seres humanos e a tecnologia sobrepõem-se cada vez mais, intersectando-se ou mesmo convergindo. A escolha de palavras depende muito do que pensamos sobre isso. De qualquer modo, como afirmei no início deste livro, uma coisa é certa: creio que a Humanidade vai mudar mais nos próximos vinte anos do que nos trezentos anos passados.

A futura confluência Homem-máquina dará vitórias incríveis à Humanidade, ameaçando-a simultaneamente. Temos de tornar-nos melhores gestores das nossas invenções e das suas consequências, se quisermos prosperar.

Sim, o progresso tecnológico parece imparável porque faz parte da natureza do ser humano evocar, testar e aplicar a nossa *techne* (as nossas ferramentas). Mas, finalmente, chegámos a um momento em que as políticas e normas centradas no ser humano, a ética digital, os contratos sociais e acordos globais sobre humanizar esta tecnologia exponencial serão tão importantes como os tratados de não-proliferação nuclear.

Num futuro muito próximo, a questão deixará de ser se a tecnologia pode fazer algo (a resposta é quase sempre afirmativa), mas se deve fazer algo e porquê.

12 : HORA DE DECIDIR

O perigo aqui é que se não investirmos tanto tempo e recursos nos andrórritmos (aquelas qualidades que nos tornam humanos) como fazemos com os algoritmos, não só a tecnologia acabará por gerir as nossas vidas, como seremos forçados, enganados ou persuadidos a transformarmo-nos em tecnologia. Ter-nos-emos tornado «ferramentas das nossas ferramentas».

Note que ao falar de «tecnologia a gerir as nossas vidas» não me refiro aos robôs soberanos do *O Exterminador Implacável: Genisys*[200]. Estou, sim, preocupado com o facto de estarmos prestes a tornar-nos totalmente inúteis sem tecnologia: lentos, incompletos, estúpidos, desqualificados, preguiçosos e obesos.

Imagine o que aconteceria se continuássemos a polir e, em última análise, acabássemos por erodir qualidades humanas quintessenciais como a privacidade, o mistério, o anonimato, as emoções, a espontaneidade, a surpresa, a intuição, a imaginação e a espiritualidade, apenas para podermos competir com as máquinas.

Se não queremos transformar-nos em tecnologia; se não queremos ser cada vez mais assimilados no poderoso vórtice criado pelas megamudanças; se queremos continuar «naturalmente humanos», apesar da atracção poderosa dessas tecnologias mágicas; se queremos salvaguardar aquilo que realmente nos torna felizes e não apenas aquilo que nos faz funcionar, devemos agir enquanto ainda temos espaço de manobra. E esse momento é agora.

Temos de começar a perguntar porquê, quem e quando, e não apenas se ou como. Temos de questionar a finalidade, e não apenas os lucros. Temos de questionar cada vez mais os líderes da indústria e especialmente os tecnólogos e as empresas que os empregam. Temos de coagi-los a ter uma visão mais holística, a ponderar as implicações positivas e menos positivas daquilo que propõem. Temos ainda de pedir que reconheçam e enfrentem as consequências involuntárias e que incluam as externalidades do que quer que criem nos seus planos estratégicos e modelos de receitas.

Temos de responsabilizar os criadores e os financiadores de amanhã, em todos os momentos — e naturalmente nós próprios, como utilizadores e consumidores. Precisamos de começar a negar a nossa fidelização enquanto clientes às empresas que não se preocupam o suficiente, e temos de deixar de ser conteúdos para essas plataformas que pretendem automatizar-nos. Temos de deixar de ser colaboradores silenciosos das máquinas inteligentes apenas porque o contrário é menos cómodo.

Se não queremos acabar com aquilo a que chamo o Lamento de Oppenheimer — do nome do famoso físico J. Robert Oppenheimer cujas invenções fizeram da bomba atómica uma realidade e que posteriormente lamentou as suas acções e consequências — temos de nos comprometer a apoiar a «equipa humana», colocando a Humanidade em primeiro lugar e acima de tudo.

Por conseguinte, proponho que tentemos definir algumas regras básicas para a era das máquinas que se avizinha, determinando que tecnologias, se aplicadas, promoverão com maior probabilidade o florescimento humano e, portanto, devem ser desenvolvidas. Temos também de perguntar mais frequentemente «quando, porquê e quem» e devemos igualmente pensar sobre quem garantiria, efectivamente, o cumprimento dessas regras.

Será, com efeito, uma tarefa titânica e certamente repleta de incertezas sobre se poderemos acordar as regras mais elementares para a Humanidade.

No entanto, se quisermos dominar esses confrontos iminentes entre seres humanos e máquinas descritos neste livro, precisaremos de um novo tipo de gestão global apoiada numa clarividência cada vez mais presciente. As regras básicas terão de ser decisivas, mas flexíveis o suficiente para não inibir o progresso. Assustador? Sim. Impossível? Não. Alternativas? Nenhuma.

Nove sugestões de princípios

Para ajudar a impulsionar o debate sobre a melhor forma de avançarmos, estruturei nove princípios. Captam a essência dos argumentos nucleares que já apresentei ao longo das páginas deste livro, mas são ainda um trabalho em andamento e longe de estar completo ou de ser conclusivo.

1. **Temos de melhorar a nossa compreensão da exponencialidade e o que representa para o futuro da Humanidade.** Temos de aprender a imaginar e depois a viver com as mudanças exponenciais e combinatórias. No nosso futuro imediato, «esperar para ver» é tão mau como «fazer sem pensar». «Primeiro, gradualmente; depois, subitamente» é, de facto, o novo normal e não devemos desperdiçar as vias para o futuro enquanto ainda estão no horizonte. Temos também de recordar que o nosso futuro é algo que estamos constantemente a definir e a formular e não algo que simplesmente acontece.

    Para alcançar este objectivo, precisamos de ser curiosos e ter espírito aberto, imergir em cenários futuros, descobrir como seria realmente viver nesse futuro, ligar-nos a pessoas que fazem o futuro acontecer e aumentar a nossa consciência geral do espírito da época que nos rodeia. Assumir menos, descobrir mais e descartar os pressupostos nocivos que funcionaram tão bem no passado. Acolher o progresso extraordinário da ciência, mas sempre perspectivado no contexto do propósito global da Humanidade. A tecnologia pode ser o paraíso ou o inferno, ou ambos (#inferno-paraíso), pelo que temos de ser proactivos e cautelosos dependendo do que está em jogo, onde e quando.

2. **Os maiores desafios são muitas vezes as oportunidades mais incríveis (e vice-versa).** Muito do nosso futuro dependerá desse equilíbrio cuidadoso entre bestial e besta no uso da tecnologia (esperemos que não chegue ao uso

viciante). Porque, como William Gibson afirma, a tecnologia é moralmente neutra até ser aplicada[201], alcançar o equilíbrio terá mais que ver com coordenar as aplicações e materializações da tecnologia do que com a prevenção ou mesmo a regulamentação das invenções em si. O futuro não é uma resposta do tipo «sim» ou «não», mas antes «depende». Estou certo de que se as perguntas «porquê?» e «para quê?» forem ouvidas com mais frequência acabará por surgir uma abordagem equilibrada.

3. **Temos de nos tornar melhores gestores da Humanidade.** Qualquer líder empresarial, pioneiro da tecnologia ou representante público tem de aceitar e agir de acordo com a sua responsabilidade em moldar o futuro da Humanidade. Os líderes civis e políticos devem desenvolver uma clarividência profunda e pessoal sobre a tecnologia no contexto da Humanidade e tornarem-se depositários do nosso futuro colectivo. Precisaremos, em todos os sectores de todas as indústrias, de um novo tipo de hipercolaboração, não de hiperconcorrência, e teremos de pensar holisticamente nos domínios que tradicionalmente não interagem.

4. **A tecnologia não tem ética, mas uma sociedade sem ética está condenada.** Caminhamos para um futuro onde literalmente tudo o que nos rodeia é afectado por uma onda imensa de avanços tecnológicos, mas a forma como enquadramos o mundo, a nossa maneira de avaliar o que está certo ou errado, o nosso modo de decidir se participamos e usamos uma determinada tecnologia, ou não, ainda se baseiam em experiências do passado, em modelos antigos e, pior que tudo, no pensamento linear.

A nossa ética e muitas das nossas leis e regulamentos ainda assentam num mundo que avança linearmente e com base no que «costumava funcionar» antes de termos atingido o ponto de viragem da curva exponencial. Quando a internet se tornou uma força comercial significativa, voltámos o nosso foco essencialmente para a exploração de todas as suas promessas económicas e comerciais. Temos despendido muito pouco tempo a considerar o seu impacto sobre os nossos valores e ética, e isso está finalmente a tornar-se evidente à medida que entramos na era da Inteligência Artificial (IA), da robótica e da edição do genoma humano.

Recentemente, tem havido uma discussão crescente sobre o conceito de construir máquinas inteligentes capazes de simular a ética humana. Ainda que constitua uma reviravolta interessante, parece-me mais um passo rumo a uma era da máquina e da simulação e ainda outra razão pela qual precisamos de estabelecer um Conselho de Ética Digital Global. À medida que avançamos para a Singularidade e para o momento em que os computadores atingiram ou superaram a capacidade do cérebro humano e estão ligados através de uma rede global gigantesca, precisamos urgentemente de um contexto ético claro com que a maioria possa concordar. Não é uma tarefa fácil, mas é crucial enfrentá-la.

5. **Cuidado: as tecnologias exponenciais passam rapidamente de bestiais a bestas. Alcançar um equilíbrio é essencial.** Se o leitor ou a leitora pensava que a dependência da internet, dos jogos, dos *smartphones* ou as armadilhas hedonistas das redes sociais já eram um problema, ouça só o fim da história! Aguarde até que possamos imergir completamente na tecnologia, até que a tecnologia entre, efectivamente, em nós, com realidade aumentada e virtual, interfaces cérebro-computador, implantes e interfaces neuronais.

O céu é literalmente o limite no que toca às possibilidades que o progresso exponencial antecipa. Por conseguinte, temos de aprender a utilizar a tecnologia de forma holística, demonstrando muito maior respeito pela maneira de ser e pelas necessidades do ser humano. Temos também de chamar à responsabilidade aqueles que inventam, comercializam e fornecem essas novas e sedutoras soluções tecnológicas pelos novos ecossistemas que criam, e exigir que ofereçam formas eficazes para reduzir ou limitar consequências indesejadas. Os fornecedores de tecnologia devem começar a incluir as externalidades nos seus modelos de negócios e têm de ajudar a moldar novos contratos sociais que abordem os efeitos nocivos.

6. **Temos de ensinar simultaneamente o caule, as CTEM, e o núcleo (CORE; compaixão, originalidade, reciprocidade e empatia).** A tecnologia e a Humanidade devem ambas fazer parte dos planos de estudos; de facto, a ciência e a filosofia pertencem à mesma sala de aula. Uma sociedade equilibrada exigirá conhecimentos em ambos os domínios; caso contrário, continuaremos a inclinar a máquina de jogos na direcção das máquinas inteligentes.

    Além disso, um número crescente de trabalhos científicos acabará por ser feito por IA e máquinas inteligentes; portanto, temos de deslocar o desenvolvimento de capacidades e competências exclusivamente humano no palco central. Criatividade, compreensão, negociação, questionamento, emoções, intuição e imaginação serão mais importantes do que nunca — o que não puder ser digitalizado, automatizado ou virtualizado tornar-se-á extremamente valioso.

7. **Temos de preservar uma clara distinção entre o que é real e o que é cópia ou simulação.** Conectividade total, máquinas inteligentes, a nuvem e computação cognitiva constituem um futuro inevitável, mas não devemos abandonar a distinção entre parecer (máquinas) e ser *(Dasein),* entre cálculo e senciência, entre tecnologia e Humanidade. Imergir num mundo de simulações

fantásticas poderia ser muito útil para a aprendizagem, o entretenimento ou o trabalho, mas deverá tornar-se a nossa maneira de viver, em geral?

    Poderão estas tecnologias tornar-se uma espécie de droga universal que queremos experimentar para tornar o nosso mundo mais completo? Necessitaremos de limites e regulamentos sobre a «dose» que usamos e até onde podemos ir? Se a tecnologia não é o que procuramos, mas como procuramos, precisaremos de ajuda para continuar a distinguir entre estas ferramentas e o nosso verdadeiro propósito? Construir relações com os seres humanos tem de permanecer mais importante do que construir relações com máquinas. Adoptemos a tecnologia, mas não nos transformemos em tecnologia.

8. **Precisamos de começar a perguntar «porquê» e «quem», não apenas «se» ou «como».** As futuras decisões estratégicas sobre o desenvolvimento e a implantação da tecnologia devem recair sobre o sentido, o contexto, a finalidade, o significado e a relevância, e menos sobre a viabilidade, o custo, a escala, os lucros e as contribuições para o crescimento. A pergunta «como» tem de ser substituída pelo «porquê».

9. **Não devemos deixar que Silicon Valley, os tecnólogos, as forças armadas ou os investidores se tornem controlo de missão para a Humanidade — independentemente do país em que se encontrem.** Aqueles que financiam, criam e vendem tecnologia exponencial não vão provavelmente querer refrear o seu poder ou a escala de aplicações possíveis. Aqueles que constroem máquinas de guerra não passarão a focar-se na felicidade humana. Aqueles que investem em tecnologias revolucionárias para centuplicar receitas não investirão na construção de um futuro de uma sociedade verdadeiramente humana para o bem colectivo. Aqueles que constroem as ferramentas têm a sua própria

agenda e esta transborda de monetização e poder. Então, no processo de tomada de decisão, onde estão representados aqueles que usam as ferramentas?

Avaliando as tecnologias exponenciais: sete perguntas essenciais a fazer

Dado que grande parte deste livro é sobre o modo como a Humanidade poderia ganhar esta batalha iminente com as tecnologias exponenciais, aqui ficam sete perguntas que devemos colocar ao avaliar as forças da mudança radical. Tenho consciência de que, em muitos casos, a resposta correcta pode ser «ambos» ou «depende». No entanto, sinto que só o facto de pararmos para pensar pode ajudar-nos a compreender as soluções de compromisso mais claramente.

1. **Irá esta tecnologia diminuir a Humanidade, voluntária ou involuntariamente?** Tentará substituir interacções humanas importantes que não devem ser intermediadas pela tecnologia? Irá automatizar algo exclusivamente humano que não deve ser automatizado? Esta tecnologia liberta-nos de fardos desnecessários ou seduz-nos para ignorarmos o que é essencialmente humano? É um buraco de minhoca ou um catalisador?

2. **Irá esta tecnologia promover a verdadeira felicidade humana?** Tornar-nos-á mais conformados com o que temos, permitindo-nos alcançar mais *eudaemonia* e contribuir de uma forma mais holística? Irá muito além dos meros prazeres hedónicos ou é sobretudo uma ferramenta hedonista que nos levará a confundi-la com uma felicidade mais profunda?

3. **Terá esta tecnologia efeitos colaterais involuntários e potencialmente desastrosos?** Retira-nos autoridade, colectivamente, ou dá-nos mais poder? Terá um impacto

significativo sobre os ecossistemas cruciais para muitas pessoas e, nesse caso, incluirá a abordagem dessas externalidades no seu modelo de negócios?

4. **Assumirá esta tecnologia muito poder em si mesma, ou dá-lo-á aos algoritmos, aos *bots* e às máquinas?** Os utilizadores serão tentados a abdicar da sua própria autoridade ao usá-la? Seremos incentivados a externalizar o nosso modo de pensar? Esta tecnologia vai servir-nos, ou vai servir-se principalmente a si mesma, tirando mais e dando menos?

5. **A tecnologia dar-nos-á a possibilidade de a ultrapassar, de ir para além dela, ou tornar-nos-á dependentes?** Obrigará os seres humanos a um papel subalterno, quer involuntária quer voluntariamente? Irá exceder as nossas capacidades de tal forma que seremos forçados a seguir cegamente a sua orientação e decisões?

6. **Precisarão os seres humanos de ser materialmente alterados ou aumentados para usar essa tecnologia?** Esta tecnologia está a levar-nos a actualizar os nossos corpos ou sentidos ou opera ao nível dos nossos limites interiores? Obrigar-nos-á a actualizarmo-nos e a aumentarmo-nos se quisermos postos de trabalho, educação e cuidados de saúde?

7. **Estará esta tecnologia facilmente disponível ou será exclusiva?** Podemos tentar adulterá-la ou estará bloqueada? Estará disponível para todos ou apenas para 1% de VIP? Aumentará a desigualdade, ou ajudará a diminuí-la? Como teremos noção da dimensão de riqueza a ser açambarcada pelos fornecedores dominantes se a tecnologia controla o nosso acesso à informação?

Estamos na equipa dos humanos?

Ouvi pela primeira vez este poderoso *meme* a Douglas Rushkoff[202] e pensei imediatamente que seria um excelente lema para a nossa viagem rumo ao futuro.

Isto é o que «estar na equipa humana» significa para mim:

- pôr o florescimento humano colectivo em primeiro lugar e acima de todas as outras preocupações;
- permitir que os andrórritmos, esses traços exclusivamente humanos como a imaginação, o acaso, os erros e as ineficiências, continuem relevantes, mesmo se indesejáveis ou incompatíveis com a tecnologia;
- combater a difusão das máquinas inteligentes. Por outras palavras, não alterar o que representamos e o que precisamos como seres humanos porque tal pode facilitar o caminho às tecnologias que nos rodeiam;
- não sermos tentados a preferir a magia tecnológica, ou seja, grandes simulações da realidade em detrimento da própria realidade e não ficarmos dependentes da tecnologia;
- não preferir relações com ecrãs e máquinas em vez das que podemos ter com os nossos congéneres humanos.

Como disse no início, o meu objectivo tem sido destacar os desafios, iniciar o debate e provocar uma resposta animada. E o seu? O que vai fazer para continuar a conversa na sua organização, comunidade, família e círculo de amigos?

Pela minha parte, vou continuar a investigar o que significa estar na equipa dos humanos através do meu trabalho contínuo como orador, consultor, escritor e cineasta.

Participe no debate no site do livro: www.techvshuman.com e em www.onteamhuman.com.

Agradecimentos

Este livro não teria chegado a dar frutos se não fosse o apoio de todas estas pessoas fantásticas.

A minha querida esposa, **Angelica Feldmann**, que suportou pacientemente a minha ausência física e/ou mental durante os últimos dezoito meses, fazendo críticas francas e tão necessárias e apoiando-me ao longo deste percurso.

Jean Francois Cardella, produtor, director artístico, consultor criativo geral e amigo.

Francois Mazoudier pelo seu *feedback* franco e pela sua amizade.

James McCabe pelos seus incríveis argumentos e revisão posterior.

Rohit Talwar, Steve Wells e **April Koury** — a equipa da Fast Future Publishing — pelo seu entusiasmo, foco editorial rigoroso e forense e vontade de agir em velocidade exponencial para transformar o manuscrito em bruto num produto acabado.

David Battino pela revisão ao longo do processo.

Maggie Langrick pelas suas primeiras revisões estruturais e aconselhamento geral.

A equipa do **Like.Digital** em Londres, por construir o sítio Web www.techvshuman.com.

Benjamin Blust, o meu *webmaster* e director técnico.

Sobre os ombros de gigantes

Este livro é inspirado no trabalho de muitos visionários — autores e escritores, oradores, pensadores, personalidades, líderes de empresas e cineastas. Obrigado a todos!

Aqui fica apenas a ponta desse icebergue:

James Barrat
Yochai Benkler
Nick Bostrom
Richard Branson
David Brin
Erik Brynjoffson
Nicholas Carr
Noam Chomsky
Paulo Coelho
Dalai Lama
Peter Diamandis
Philip K. Dick
Cory Doctorow
Dave Eggers
John Elkington
William Gibson
Daniel Kahneman

Andrew Keen
Kevin Kelly
Ray Kurzweil
Jaron Lanier
Larry Lessig
John Markoff
Andrew McAfee
Elon Musk
Thomas Piketty
Jeremy Rifkin
Charlie Rose
Douglas Rushkoff
Clay Shirky
Tiffany Shlain
Edward Snowden
Don Tapscott

Recursos

Pode participar da discussão nas redes sociais e encontrar mais conteúdos aqui:

Atualizações habituais	www.techvshuman.com
Twitter	www.twitter.com/techvshuman
Team Human	www.onteamhuman.com

Mais informações sobre Gerd Leonhard e a sua obra:

Website inglês:	www.futuristgerd.com
Website alemão:	www.gerdleonhard.de
Vídeos de apresentação:	www.gerd.io/2017bestofgerd
Principais memes de Gerd em vídeo:	www.humanity.digital
Twitter:	www.twitter.com/gleonhard
LinkedIn:	https://ch.linkedin.com/in/gleonhard
The Futures Agency:	www.thefuturesagency.com
Assine a Newsletter:	www.futuristgerd.com/contact/#subscribe
Contacto:	books@thefuturesagency.com

Fast Future Publishing
Colaborador na publicação e lançamento da edição original.

Somos uma nova estirpe de editora fundada por três futuristas – Rohit Talwar, Steve Wells e April Koury. O nosso objetivo é descrever os conceitos mais recentes de futuristas estabelecidos e emergentes, investigadores clarividentes e pensadores no futuro ao nível mundial, e tornar essas ideias acessíveis à maior audiência possível no período de tempo mais reduzido.

Os nossos livros foram concebidos para abordar diversos tópicos futuros críticos, que acreditamos serem relevantes para indivíduos, governos, empresas e a sociedade civil.

O nosso primeiro livro, *The Future of Business*, apresenta 60 capítulos rápidos e quase 600 páginas de pensamento inovador de 62 pensadores no futuro, em 21 países diferentes, nos quarto continentes. As editoras tradicionais demorariam dois anos a entregar um livro desta magnitude. Concluímos a jornada – da ideia à publicação – em apenas 19 semanas.

Também criámos um modelo de negócios inovador que contorna a maioria das práticas e ineficiências da edição tradicional, adotando o pensamento exponencial da era digital e aplicando-o para transformar o processo de edição, a abordagem de distribuição e a modelo de divisão de lucros.

O nosso modelo de edição garante que os nossos autores, membros da equipa principal e parceiros em cada livro dividem os lucros. Além disso, uma parte dos lucros é atribuída a um fundo de desempenho para financiar causas associadas ao tópico principal.

Esperamos que a nossa história e abordagem à edição sejam um exemplo inspirador de como o negócio está a evoluir e a ser reinventado na era digital.

Nos próximos anos, a Fast Future Publishing visa publicar o trabalho de futuristas perspicazes e inspiradores e pensadores no futuro. Estamos abertos a receber propostas de possíveis autores e de quem esteja interessado em compilar e editar livros com vários colaboradores como parte do nosso desenvolvimento de portefólio.

Para encomendas empresariais ou em massa, para explorar oportunidades de parceria, submeter uma proposta de livro, debater a curadoria de um projeto com vários colaboradores ou para perguntar sobre oportunidades permanentes ou de estágio, pode contactar-nos através do endereço de e-mail info@fastfuturepublishing.com.

Saiba mais sobre nós em www.fastfuture.com.
Aguardamos notícias suas!

Referências

1. Moore and Associates. (s.d.). Obtido a 3 de Agosto de 2016, em http://www.mooreslaw.com/.
2. Loizos, C. (2015). Elon Musk Diz Que Carros da Tesla Atingirão 997 Quilómetros Com uma Carga Única «Daqui A Um Ano ou Dois», Serão Completamente Autónomos Em «Três anos». Obtido a 1 de Agosto de 2016, em https://techcrunch.com/2015/09/29/elon-musk-says-tesla-cars-will-reach-620-miles-on-a-single-charge-within-a-year-or-two-have-fully-autonomous-cars-in-three-years/.
3. Crítica ao BMW i8 Após 3 Meses Ao Volante. (s.d.). Obtido a 1 de Agosto de 2016, em https://insideevs.com/bmw-i8-review-3-months-behind-wheel/.
4. Covert, J. (2016). *Tesla Stations in NYC on Verge of Outnumbering Gas Stations* [Postos de carregamento Tesla em Nova Iorque prestes a ultrapassar número de bombas de gasolina]. Obtido a 29 de Junho de 2016, em https://nypost.com/2016/03/17/tesla-stations-in-nyc-on-verge-of-outnumbering-gas-stations/.
5. Hayden, E. (2014). *Technology: The $1,000 Genome*. Obtido a 29 de Junho de 2016, em https://www.nature.com/news/technology-the-1-000-genome-1.14901.
6. Raj, A. (2014). *Em breve, custará menos sequenciar um genoma do que usar o autoclismo — e isso vai mudar a medicina para sempre*. Obtido a 29 de Junho de 2016, em http://www.businessinsider.com/super-cheap-genome-sequencing-by-2020-2014-10?IR=T.
7. Vinge, V. (1993). *Vernor Vinge sobre singularidade*. Obtido a 29 de Junho de 2016, em http://mindstalk.net/vinge/vinge-sing.html.
8. Webb, R. (2013). *A economia do Star Trek*. Obtido a 29 de Junho de 2016, em https://medium.com/@RickWebb/the-economics-of-star-trek-29bab88d50.
9. *10 Citações de Nikola Tesla actuais hoje em dia*. (s.d.). Obtido a 3 de Agosto de 2016, em https://www.lifehack.org/305348/10-nikola-tesla-quotes-that-still-apply-today.
10. Metz, C. (2015). *Em breve a IA do Gmail poderá responder aos seus e-mails*. Obtido a 29 de Junho de 2016, em http://www.wired.com/2015/11/google-is-using-ai-to-create-automatic-replies-in-gmail.
11. *Os Substitutos*. (2016). Wikipédia. Obtido a 29 de Junho de 2016, em https://en.wikipedia.org/wiki/Surrogates.

REFERÊNCIAS

12. AMC Network Entertainment. (2016). *HUMANS.* Obtido a 29 de Junho de 2016, em https://www.amc.com/shows/humans.
13. S, L. (2015). *A Economist explica: O fim da Lei de Moore.* Obtido a 29 de Junho de 2016, em https://www.economist.com/blogs/economist-explains/2015/04/economist-explains-17.
14. Booth, B. (2016, 31/05). Navegar a onda da edição dos genes: Reflexões sobre a impressionante trajectória do CRISPR/Cas9. [Blogue]. Obtido a 2 de Julho de 2016, de https://www.forbes.com/sites/brucebooth/2016/05/31/riding-the-gene-editing-wave-reflections-on-crisprs-impressive-trajectory/#5ee0f2196f9f.
15. Bostrom, N. (2014). *Superintelligence: Paths, Dangers, Strategies:* Oxford University Press.
16. Urban, T. (2015, 22 Janeiro). A revolução da inteligência artificial: Parte 1. [Blogue]. Obtido a 2 de Julho de 2016, de https://waitbutwhy.com/2015/01/artificial-intelligence-revolution-1.html.
17. Yudkowsky, E. (c2016). Citação de Eliezer Yudkowsky: *«De longe, o maior perigo da Inteligência Artificial.»* Obtida a 13 de Julho de 2016, de https://www.goodreads.com/quotes/1228197-by-far-the-greatest-danger-of-artificial-intelligence-is-that.
18. Diamandis, P. (2015, 26 Janeiro). As previsões alucinantes de Ray Kurzweil para os próximos 25 anos. [Blogue]. Obtido a 2 de Julho de 2016, em https://singularityhub.com/2015/01/26/ray-kurzweils-mind-boggling-predictions-for-the-next-25-years/#sm.000137ckvvzo6flduhd1j30a8q4e2.
19. Matyszczyk, C. (2015, 1 Outubro). Executivo da Google: Com robôs nos nossos cérebros, vamos ser como deuses. [Blogue]. Obtido a 2 de Julho de 2016, em https://www.cnet.com/news/google-exec-with-robots-in-our-brains-well-be-godlike/.
20. Hemingway, E. (1996). *The Sun Also Rises,* New York: Scribner [*O Sol Nasce Sempre (Fiesta)*, Lisboa, Livros do Brasil, 2014].
21. Diamandis, P. (c2016). Peter Diamandis. Obtido a 2 de Julho de 2016, em http://www.diamandis.com/human-longevity-inc?p=human-longevity-inc.
22. Istvan, Z. (2013). *The Transhumanist Wager.* Futurity Imagine Media.
23. Bailey, J. (2014, Julho). Enquadrar a Carne: Heidegger, Transumanismo e o Corpo como «Reserva Permanente». [Blogue]. Obtido a 3 de Julho de 2016, em https://jetpress.org/v24/bailey.htm.
24. Brainmetrix. (c2016). *Definição de QI.* Obtido a 3 de Julho de 2016, em http://www.brainmetrix.com/iq-definition.
25. *Hierarquia de Necessidades de Maslow.* (2016). Wikipédia. Obtido a 3 de Julho de 2016, em https://en.wikipedia.org/wiki/Maslow%27s_hierarchy_of_needs.
26. Gibney, E. (2016, 27 Janeiro). Algoritmo de IA da Google domina jogo ancestral de Go. [Blogue]. Obtido a 3 de Julho de 2016, em https://www.nature.com/news/google-ai-algorithm-masters-ancient-game-of-go-1.19234.

27. Istvan, Z. (2014, 04 Agosto). Vêm aí os úteros artificiais, mas a controvérsia já chegou. [Blogue]. Obtido a 3 de Julho de 2016, em https://motherboard.vice.com/en_us/article/8qx8kk/artificial-wombs-are-coming-and-the-controversys-already-here.
28. Izquotes. (c2016). *Iz Quotes*. Obtido a 3 de Julho de 2016, em https://izquotes.com/quote/70915.
29. McMullan, T. (2015, 23 Julho). O que significa o pan-óptico na era da vigilância digital?. [Blogue]. Obtido a 3 de Julho de 2016, em https://www.theguardian.com/technology/2015/jul/23/panopticon-digital-surveillance-jeremy-bentham.
30. *J. Robert Oppenheimer.* (2016). Wikipédia. Obtido a 3 de Julho de 2016, em https://en.wikipedia.org/wiki/J._Robert_Oppenheimer.
31. Barrat, J. (2013). *Our Final Invention: Artificial Intelligence and the End of the Human Era*. NY: Thomas Dunne Books/St Martin's Press.
32. *Techne*. (2016). Wikipédia. Obtido a 3 de Julho de 2016, em https://en.wikipedia.org/wiki/Techne.
33. Kuskis, A. (2013, 1 Abril). «Moldamos as nossas ferramentas e depois elas moldam-nos a nós». [Blogue]. Obtido a 3 de Julho de 2016, em https://mcluhangalaxy.wordpress.com/2013/04/01/we-shape-our-tools-and-thereafter-our-tools-shape-us/.
34. Bailey, J. (2014, Julho). Enquadrar a Carne: Heidegger, Transumanismo e o Corpo como «Reserva Permanente». [Blogue]. Obtido a 3 de Julho de 2016, em https://jetpress.org/v24/bailey.htm.
35. Walton, A. (2015, 8 de Abril). Novo estudo relaciona Facebook com depressão: Mas agora compreendemos porquê. [Blogue]. Obtido a 3 de Julho de 2016, em https://www.forbes.com/sites/alicegwalton/2015/04/08/new-study-links-facebook-to-depression-but-now-we-actually-understand-why/#3c24a391e6d8.
36. *Ser e Tempo*. (2016). Wikipédia. Obtido a 3 de Julho de 2016, em https://en.wikipedia.org/wiki/Being_and_Time
37. Gray, R. (2016, 12 de Fevereiro). Seria capaz de casar com um robô?. [Blogue]. Obtido a 3 de Julho de 2016, em http://www.dailymail.co.uk/sciencetech/article-3366228/Would-MARRY-robot-Artificial-intelligence-allow-people-lasting-love-machines-expert-claims.html.
38. Santa Maria, C. (2016, 10 de Fevereiro). Dentro da fábrica onde estão a ser construídos os robôs sexuais mais realistas do mundo. [Blogue]. Obtido a 3 de Julho de 2016, em https://splinternews.com/inside-the-factory-where-the-worlds-most-realistic-sex-1793854658.
39. Watercutter, A. (2016, 21 de Janeiro). A empresa de RV que ajuda os realizadores a pôr os espectadores e espectadoras dentro do filme. [Blogue]. Obtido a 3 de Julho de 2016, em https://www.wired.com/2016/01/sundance-volumetric-vr-8i/.
40. McLuhan, M. (1994). *Understanding Media: The Extensions of Man*. USA: MIT Press.
41. Burton-Hill, C. (2016, 16 de Fevereiro). O super-herói da Inteligência Artificial: poderá este génio controlá-la? [Blogue]. Obtido a 3 de Julho

REFERÊNCIAS

de 2016, em https://www.theguardian.com/technology/2016/feb/16/demis-hassabis-artificial-intelligence-deepmind-alphago.
42. Lanier, J. (2010). *You Are Not a Gadget,* Alfred A Knopf [*Você não é um Gadget,* Lisboa, Arcádia, 2011].
43. *Tranhumanism.* (2016). Wikipédia. Obtido a 3 de Julho de 2016, em https://en.wikipedia.org/wiki/Transhumanism.
44. Brand, S. (1968). *Whole Earth Catalog.* Obtido a 3 de Julho de 2016, em http://www.wholeearth.com/issue/1010/article/195/we.are.as.gods
45. *Descartes: Uma Biografia Intelectual.* (s.d.). Obtido a 3 de Agosto de 2016, em https://books.google.at/books?id=QVwDs_Ikad0C.
46. Leonard, G & Kusek, D. (2005). *The Future of Music: Manifesto for the Digital Music Revolution:* Berklee Press.
47. Murphy, K. (2007, 3 de Junho). A vida para um homem com pressa. [Blogue]. Obtido a 3 de Julho de 2016, em http://articles.latimes.com/2007/jun/03/entertainment/ca-mccartney3.
48. Leonhard, G. (2010). *Friction Is Fiction: the Future of Content, Media and Business:* Lulu.
49. Morozov, E. (2016, 30 de Janeiro). Corrida de Táxi Barata? Deve-lhe ter escapado o verdadeiro custo da Uber. [Blogue]. Obtido a 3 de Julho de 2016, em https://www.theguardian.com/commentisfree/2016/jan/31/cheap-cab-ride-uber-true-cost-google-wealth-taxation.
50. Andreessen, M. (2011, 20 de Agosto). Porque é que o *software* está a invadir o mundo. [Blogue]. Obtido a 3 de Julho de 2016, em https://www.wsj.com/articles/SB10001424053111903480904576512250915629460.
51. Gartner. (2013, 12 de Novembro). A. Gartner afirma que em 2017 o nosso *smartphone* será mais inteligente do que nós. [Blogue]. Obtido a 11 de Julho de 2016, em https://www.gartner.com/newsroom/id/2621915.
52. Dick, P. (c2016). *Citação de Philip K Dick: «Haverá uma altura em que não será 'Eles estão a espiar'...»* Obtido a 3 de Julho de 2016, em https://www.goodreads.com/quotes/42173%C2%ACthere-will-come-a-time-when-it-isn-t-they-re-spying.
53. Cisco. (2016). *O Índice Visual Networking da Cisco prevê quase o triplo do tráfego em 2020.* Obtido a 3 de Julho de 2016, em https://investor.cisco.com/investor-relations/news-and-events/news/news-details/2016/Cisco-Visual-Networking-Index-Predicts-Near-Tripling-of-IP-Traffic-by-2020/default.aspx.
54. Khedekar, N. (2014). *Tech2.* Obtido a 3 de Julho de 2016, em http://tech.firstpost.com/news-analysis/now-upload-share-1-8-billion-photos-everyday-meeker-report-224688.html.
55. Deloitte. (c2016). *Previsões 2016: Partilha de fotografias: biliões e a aumentar.* Obtido a 3 de Julho de 2016, em https://www2.deloitte.com/global/en/pages/technology-media-and-telecommunications/articles/tmt-pred16-telecomm-photo-sharing-trillions-and-rising.html.
56. Scanadu. (2016). *Scanadu | Home.* Obtido a 3 de Julho de 2016, em

https://www.scanadu.com/
57. Eggers, D. (2013). *The Circle [O Círculo]:* Knopf.
58. Leonhard, G. (2015, 21 de Abril). O que são estas empresas «Unicórnio» de que fala?. [Blogue]. Obtido a 3 de Julho de 2016, em http://thefuturesagency.com/2015/04/21/unicorn-companies-what-are-they-and-why-are-they-important.
59. Foroohar, R. (2016, 15 de Junho). Como a *«gig economy»* poderia salvar o capitalismo. [Blogue]. Obtido a 3 de Julho de 2016, em http://time.com/4370834/sharing-economy-gig-capitalism.
60. Gunawardene, N. (2003). *Sir Arthur C Clarke.* Obtido a 3 de Julho de 2016, em http://www.arthurcclarke.net/?interview=12.
61. McMillan, R. (2015, 25 de Fevereiro). A IA da Google já é tão inteligente que consegue jogar Atari como um profissional. [Blogue]. Obtido a 7 de Julho de 2016, em https://www.wired.com/2015/02/google-ai-plays-atari-like-pros/.
62. Metz, C. (2016, 27 de Janeiro). Num grande avanço de IA, o sistema Google vence secretamente jogador de topo do jogo ancestral Go. [Blogue]. Obtido a 7 de Julho de 2016, em http://www.wired.com/2016/01/in-a-huge-breakthrough-googles-ai-beats-a-top-player-at-the-game-of-go.
63. Swearingen, J. (2016, 7 Março). Por que é que a derrota de Garry Kasparov pelo Deep Blue não foi o princípio do fim da raça humana. [Blogue]. Obtido a 7 de Julho de 2016, em http://www.popularmechanics.com/technology/apps/a19790what-deep-blue-beating-garry-kasparov-reveals-about-todays-artificial-intelligence-panic.
64. Schwartz, K. (c2013). *FCW.* Obtido a 3 de Julho de 2016, em https://fcw.com/microsites/2011/cloud-computing-download/financial-benefits-of-cloud-computing-to-federal-agencies.aspx.
65. Gillis, T. (2016, 2 de Fevereiro). O futuro da segurança: isolamento. [Blogue]. Obtido a 3 de Julho de 2016, em https://www.forbes.com/consent/?toURL=https://www.forbes.com/sites/tomgillis/2016/02/02/the-future-of-security-isolation.
66. Duffy, S. (2014, 17 de Abril). O se os médicos pudessem receitar mudanças de comportamento? [Blogue]. Obtido a 3 de Julho de 2016, em http://www.forbes.com/sites/sciencebiz/2014/04/17/what-if-doctors-could-finally-prescribe-behavior-change.
67. Pande, V. (2015). *Quando o Software Come o Bio.* Obtido a 3 de Julho de 2016, em https://a16z.com/2015/11/18/bio-fund/.
68. Google. (2016). *Cartões Google Now — a aplicação Google.* Obtido a 3 de Julho de 2016, em https://www.google.com/search/about/learn-more/now.
69. *Relatório Minoritário (filme).* (2016). Wikipédia. Obtido a 3 de Julho de 2016, em https://en.wikipedia.org/wiki/Minority_Report_(film).
70. *The Economist.* (2016, 23 de Junho). «Print My Ride» [Blogue]. Obtido a 3 de Julho de 2016, em http://www.economist.com/news/business/

REFERÊNCIAS

21701182-mass-market-carmaker-starts-customising-vehicles-individually-print-my-ride.
71. Bloy, M. (2005). *O ludismo 1811-1816*. Obtido a 10 de Julho de 2016, em http://www.victorianweb.org/history/riots/luddites.html.
72. *Desemprego tecnológico*. (2016). Wikipédia. Obtido a 15 de Julho de 2016, de https://en.wikipedia.org/wiki/Technological_unemployment.
73. Foco na Desigualdade e Crescimento (Rel.) (2014). Obtido a 1 de Fevereiro de 2016, no *website* da OCDE: https://www.oecd.org/social/Focus-Inequality-and-Growth-2014.pdf.
74. Rotman, D. (2013, 12 de Junho). Como a tecnologia está a destruir postos de trabalho. Obtido a 1 de Agosto de 2016, em https://www.technologyreview.com/s/515926/how-technology-is-destroying-jobs/.
75. US Bureau of Labor Statistics. (2016). *Página inicial sobre produtividade e custos laborais (em inglês, LPC)*. Obtido a 10 de Julho de 2016, em http://www.bls.gov/lpc.
76. Bernstein, A. (2015). A Grande Dissociação: Uma entrevista com Erik Brynjolfsson e Andrew McAfee. Obtido a 3 de Agosto de 2016, em https://hbr.org/2015/06/the-great-decoupling.
77. Peck, E. (2016, 19 Janeiro). Actualmente, as 62 pessoas mais ricas da Terra detêm tanta riqueza como os 35 mil milhões de pessoas mais pobres. [Blogue]. Obtido a 15 de Julho de 2016, em https://www.huffingtonpost.com/entry/global-wealth-inequality_us_56991defe4b0ce4964242e09.
78. Oxford Martin School. (2013). *The Future of Employment: How Susceptible Are Jobs to Computerisation?* Obtido a 10 de Julho de 2016, em https://www.oxfordmartin.ox.ac.uk/publications/view/1314.
79. Metz, C. (2016, 27 de Janeiro). Num grande avanço de IA, o sistema Google vence secretamente jogador de topo do jogo ancestral Go. [Blogue]. Obtido a 10 Julho de 2016, em https://www.wired.com/2016/01/in-a-huge-breakthrough-googles-ai-beats-a-top-player-at-the-game-of-go/.
80. Armstrong, S. (2014). *Smarter Than Us: The Rise of Machine Intelligence:* Machine Intelligence Research Institute.
81. Administração da Segurança Social. (2010). *O Desenvolvimento da Segurança Social na América*. Obtido a 10 de Julho de 2016, em https://www.ssa.gov/policy/docs/ssb/v70n3/v70n3p1.html.
82. A nova Atlantis. (c2016). *Stephen L. Talbott — A nova Atlantis*. Obtido a 10 de Julho de 2016, em https://www.thenewatlantis.com/authors/stephen-talbott.
83. Leonhard, G. (2015, 22 de Novembro). Será a *Hello Barbie* o pior pesadelo dos pais? Grande Debate. [Blogue]. Obtido a 10 de 2016, em http://www.futuristgerd.com/2015/11/22/is-hello-barbie-every-parents-worst-nightmare-great-debate.
84. Google. (2016). *Google News*. Obtido a 10 de Julho de 2016, em https://news.google.com/.

85. Hern, A. (2016, 13 de Maio). A nova saga do Facebook lembra-nos que os seres humanos são influenciáveis por natureza. [Blogue]. Obtido a 15 de Julho de 2016, em https://www.theguardian.com/technology/2016/may/13/newsfeed-saga-unmasks-the-human-face-of-facebook.
86. Baidu. (2016). 百度新闻搜索——全球最大的中文新闻平台. Obtido a 15 de Julho de 2016, em http://news.baidu.com.
87. LaFrance, A. (2015, 29 de Abril). O Facebook está a invadir a internet. [Blogue]. Obtido a 10 de Julho de 2016, em http://www.theatlantic.com/technology/archive/2015/04/facebook-is-eating-the-internet/391766.
88. Warren, C. (2015, 30 de Junho). A primeira impressão do Apple Music: é só curadoria, curadoria, curadoria. [Blogue]. Obtido a 15 de Julho de 2016, em http://mashable.com/2015/06/30/apple-music-hands-on.
89. Brockman, J. (2014, 3 de Fevereiro). O «technium»: Uma conversa com Kevin Kelly. [Blogue]. Obtido a 10 de Julho de 2016, em https://www.edge.org/conversation/kevin_kelly-the-technium.
90. Quote Investigator. (2011). *Os computadores são inúteis Só lhe podem dar respostas*. Obtido a 10 de Julho de 2016, em https://quoteinvestigator.com/2011/11/05/computers-useless.
91. Kelly, K. (2010). *What Technology Wants:* Viking.
92. DeSouza, C. (2015). *Maya:* Penguin India.
93. Kahneman, D. (2011). *Thinking, Fast and Slow* [Pensar, Depressa e Devagar]: Macmillan.
94. Turkle, S. (c2016). *Citações de Sherry Turkle*. Obtido a domingo, 10 de julho de 2016, em https://www.goodreads.com/author/quotes/153503.Sherry_Turkle.
95. Barrat, J. (2013). *Our Final Invention: Artificial Intelligence and the End of the Human Era*. New York: Thomas Dunne Books/St Martin's Press.
96. A definição de automatizar. (s.d.). Obtido a 3 de Agosto de 2016, em http://www.dictionary.com/browse/automate.
97. Wells, H. G. (2005). *The Time Machine*. London, England: Penguin Books. [*A Máquina do Tempo*, Lisboa, Antígona, 2016.]
98. Schneier, B. (2016, 4 de Fevereiro). A Internet das Coisas será o maior robô do mundo. [Blogue]. Obtido a 11 de Julho de 2016, em https://www.schneier.com/blog/archives/2016/02/the_internet_of_1.html.
99. Fundação Ellen MacArthur. (c2015). *Economia Circular — Reino Unido, Europa, Ásia, América do Sul e Estados Unidos da América*. Obtido a 11 de Julho de 2016, em https://www.ellenmacarthurfoundation.org/circular-economy.
100. Sófocles. (c2016). *Citação de Sófocles: «Nada grandioso entra na vida dos mortais sem...»* Obtido a 11 de Julho de 2016, em https://www.goodreads.com/quotes/1020409-nothing-vast-enters-the-life-of-mortals-without-a-curse.
101. Leonhard, G. (2015). *Automação, máquinas inteligentes e consequências indesejadas*. Obtido a 3 de Julho de 2016, em https://www.youtube.com/watch?v=Gq8_xPjlssQ&feature=youtu.be.

REFERÊNCIAS

102. Conferência de Asilomar sobre ADN recombinante. (s.d.). Obtido a 3 de Agosto de 2016, em https://en.wikipedia.org/wiki/Asilomar_Conference_on_Recombinant_DNA.
103. Estatísticas *Internet Live Stats*. (2016). *Número de utilizadores de internet (2016)*. Obtido a 11 de Julho de 2016, em http://www.internetlivestats.com/internet-users.
104. Clarke, A. (1964). *Profiles of the Future*. Bantam Books [*Visões do Futuro*, Lisboa, Editorial Notícias, 2001].
105. Libelium.» (2016). *Libelium — A ligar sensores à nuvem*. Obtido a 7 de Julho de 2016, em http://www.libelium.com/.
106. Gonzales, A. (n.d.). *The Effects of Social Media Use on Mental and Physical Health* (Rep.). Obtido a 1 de Abril de 2016, no sítio Web da Fundação Robert Wood Johnson: https://pdfs.semanticscholar.org/presentation/9b08/34732cb33e6761239a8394f9624ea085613f.pdf.
107. De Querol, R. (2016, 25 de Janeiro). «Zygmunt Bauman: As redes sociais são uma armadilha». [Blogue]. Obtido a 7 de Julho de 2016, em https://elpais.com/elpais/2016/01/19/inenglish/1453208692_424660.html.
108. Long, D. (c2016). *Albert Einstein e a bomba atómica*. Obtido a 7 de Julho, 2016, from http://www.doug-long.com/einstein.htm.
109. Long, D. (c2016). *Albert Einstein e a bomba atómica*. Obtido a 7 de Julho, 2016, from http://www.doug-long.com/einstein.htm.
110. Clark, R. (2001). *Einstein: The Life and Times* [Einstein: a Vida e o Tempo]: Avon.
111. Einstein, A. (c2016). *Citação de Albert Einstein: «O espírito humano tem de prevalecer sobre a tecnologia*.» Obtido a 7 de Julho de 2016, em http://www.goodreads.com/quotes/44156-the-human-spirit-must-prevail-over-technology.
112. Barrat, J. (2013). *Our Final Invention: Artificial Intelligence and the End of the Human Era*. New York: Thomas Dunne Books/St Martin's Press.
113. Kurzweil, R. (c2016). Página principal de *The Singularity is Near*. Obtido a 7 de Julho de 2016, em http://singularity.com/.
114. Quote Investigator. (2015). *Grande poder traz grandes responsabilidades*. Obtido a 7 de Julho de 2016, em http://quoteinvestigator.com/2015/07/23/great-power.
115. Rushkoff, D. (2013). *Present Shock: When Everything Happens Now*: Current.
116. McLuhan, M. (c2016). *Citação de Marshall McLuhan: «Primeiro construímos as ferramentas, depois elas constroem-nos a nós*.» Obtido a 7 de Julho de 2016, em http://www.goodreads.com/quotes/484955-first-we-build-the-tools-then-they-build-us.
117. Tokmetzis, D. (2015, 23 de Fevereiro). Here's Why You Shouldn't Put Your Baby Photos Online. [Blogue]. Obtido a 7 de Julho de 2016, em https://medium.com/matter/beware-your-baby-s-face-is-online-and-on-sale-d33ae8cdaa9d.
118. Hu, E. (2013, 5 de Agosto). A casa de banho japonesa pirateável traz uma

aplicação para monitorizar as fezes. [Blogue]. Obtido a 7 de Julho de 2016, em https://www.npr.org/sections/alltechconsidered/2013/08/05/209208453/the-hackable-japanese-toilet-comes-with-an-app-to-track-poop.

119. Jones, B. (2015, 14 de Fevereiro). A Cortana representará um passo perigoso em direcção à Inteligência tificial? [Blogue]. Obtido a 7 de Julho de July 2016, em https://www.digitaltrends.com/computing/fear-cortana/.

120. *Precobs*. (2016). Wikipédia. Obtido a 7 de Julho de 2016, em https://en.wikipedia.org/wiki/Precobs.

121. Gartner. (2013, 12 de Novembro). Gartner afirma que em 2017 o nosso *smartphone* será mais inteligente do que nós. [Blogue]. Obtido a 11 de 2016, em https://www.gartner.com/newsroom/id/2621915.

122. Rushkoff, D. (2013). *Present Shock: When Everything Happens Now:* Current.

123. NPR. (2013, 25 Março). Num Mundo Sempre Ligado, Estamos Presos no «Presente». [Blogue]. Obtido a 7 de Julho de 2016, em https://www.npr.org/2013/03/25/175056313/in-a-world-thats-always-on-we-are-trapped-in-the-present.

124. x.ai. (2016). Um assistente pessoal de IA que agenda reuniões para si. Obtido a 10 de Julho de 2016, em https://x.ai/.

125. Green, C. (2015, 02 Setembro). O Mundo dos Assistentes Digitais — Porque é que as Apps quotidianas de IA serão a IdC. [Blogue]. Obtido a 10 de Julho de 2016, em http://www.information-age.com/world-digital-assistants-why-everyday-ai-apps-will-make-iot-123460089/.

126. Sorrel, C. (2016, 13 Janeiro). «Stop Being A Loner, It'll Kill You.» [Blogue]. Obtido a 10 de Julho de 2016, em https://www.fastcompany.com/3055386/stop-being-a-loner-itll-kill-you.

127. *Digital Globalization: The new era of global flows*. (2016, Fevereiro). Obtido a 3 de Agosto de 2016, em http://www.mckinsey.com/business-functions/digital-mckinsey/our-insights/digital-globalization-the-new-era-of-global-flows.

128. Microsoft. (2016). *Os HoloLens da Microsoft*. Obtido a 10 de Julho de 2016, em https://www.microsoft.com/pt-pt/hololens.

129. Brien, D. (c2016). *Computadores, internet e o abdicar da consciência — uma entrevista com Stephen Talbott*. Obtido a 10 de Julho de 2016, em http://natureinstitute.org/txt/st/jung.htm.

130. McKinsey & Company. (2010). Porque é que os governos devem liderar a luta contra a obesidade. Obtido a 11 de Julho de 2016, em http://www.animate-eu.com/public/news/active/375/McKinsey%20quarterly_Why%20governments%20must%20lead%20the%20fight%20against%20obesity%20plus%20posts.pdf.

131. Centros de Controlo e Prevenção de Doenças. (2015). *Adult Obesity Facts*. Obtido a 11 de Julho de 2016, em https://www.cdc.gov/obesity/data/adult.html.

132. HAPI.com. (c2016). *Enjoy Your Food with HAPIfork*. Obtido a 11 de

REFERÊNCIAS

Julho de 2016, em https://www.hapi.com/product/hapifork.
133. Universidade de Rhode Island. (1997). *Aditivos alimentares*. Obtido a 11 de Julho de 2016, em https://web.uri.edu/foodsafety/food-additives/.
134. Leonhard, G. (2014, 25 de Fevereiro). Como a tecnologia está a tornar-nos dependentes de dados, para nos transformar em obesos digitais. [Blogue]. Obtido a 11 de Julho de 2016, em https://www.fastcompany.com/3026862/how-tech-is-creating-data-cravability-to-make-us-digitally-obese.
135. Rodale, M. (2013, 19 de Novembro). O vício da comida é real. [Blogue]. Obtido a 11 de Julho de 2016, em https://www.huffingtonpost.com/maria-rodale/food-addiction-is-real_b_3950373.html.
136. *Lista das maiores empresas de internet*. (2016). Wikipédia. Obtido a 15 de Julho de 2016, em https://en.wikipedia.org/wiki/List_of_largest_Internet_companies.
137. Transparency Market Research. (2015). Aditivos alimentares por tipo de mercado (sabores e intensificadores de sabor, edulcorantes, enzimas, corantes, emulsionantes, conservantes de alimentos, substitutos de gordura) e por fonte (natural e artificial) Análise global do sector, dimensão, quota, crescimento, tendências e previsões de 2015-2021. Obtido a 11 de Julho de 2016, em https://www.transparencymarketresearch.com/food-additives.html.
138. Fórum Económico Mundial. (c2016). *Transformação digital dos sectores*. Obtido a 11 de Julho de 2016, em http://reports.weforum.org/digital-transformation/finding-the-true-north-of-value-to-industry-and-society/.
139. A Cornish, D. (2016, 12 de Abril). Os dependentes da internet da Coreia. [Blogue]. Obtido a 11 de Julho de 2016, em https://www.sbs.com.au/news/dateline/story/koreas-internet-addicts.
140. Taleb, N. (c2016). Citação de Nassim Nicholas Taleb: *«A diferença entre tecnologia e escravatura.»* Obtido a 11 de Julho de 2016, em https://www.goodreads.com/quotes/610828-the-difference-between-technology-and-slavery-is-that-slaves-are.
141. Grothaus, J. (2014, 22 Janciro). Como a informação infinita distorcerá e alterará as relações humanas. [Blogue]. Obtido a 11 de Julho de 2016, em https://www.fastcompany.com/3025299/how-infinite-information-will-warp-and-change-human-relationships.
142. Vanian, J. (2016). «More Smartwatches Were Shipped Worldwide Than Swiss Watches.» Obtido a 3 de Agosto de 2016, em http://fortune.com/2016/02/19/more-smartwatches-shipped-worldwide-swiss-watches/.
143. Katz, L. (2013, 08 Maio). As Huggies mandam um *tweet* quando a fralda está molhada. [Blogue]. Obtido a 11 de Julho de 2016, em https://www.cnet.com/news/tweetpee-huggies-sends-a-tweet-when-babys-wet/.
144. Estatísticas *Internet Live Stats*. (2016). *Estatísticas de uso do Twitter*. Obtido a 11 de Julho de 2016, em http://www.internetlivestats.com/twitter-statistics/.
145. Brouwer, B. (2015, 26 de Julho). O youtube recebe carregamentos mais de 400 horas por minuto. [Blogue]. Obtido a 11 de Julho de 2016, from

http://www.tubefilter.com/2015/07/26/youtube-400-hours-content-every-minute.
146. Thornhill, T. (2012, 02 de Março). Política de privacidade da Google: «Gigante de pesquisa saberá mais sobre si do que o seu parceiro». [Blogue]. Obtido a 11 de Julho de 2016, em http://www.dailymail.co.uk/sciencetech/article-2091508/Google-privacy-policy-Search-giant-know-partner.html.
147. Carr, N. (2011). *The Shallows: What the Internet Is Doing to Our Brains:* W. W. Norton [*Os Superficiais: O Que a Internet Está a Fazer aos Nossos Cérebros,* Lisboa, Gradiva, 2012].
148. Carr, N. (2011). *The Shallows: What the Internet Is Doing to Our Brains:* W. W. Norton [*Os Superficiais: O Que a Internet Está a Fazer Aos Nossos Cérebros,* Lisboa, Gradiva, 2012].
149. Leonhard, G. (2010, 04 de Fevereiro). A atenção é a nova moeda e os dados o novo petróleo. [Blogue]. Obtido a 11 de Julho de 2016, em http://www.futuristgerd.com/2010/02/04/attention-is-the-new-currency-and-data-is-the-new-oil.
150. Goodson, S. (2012, 05 de Março). *«If You're Not Paying for It, You Become the Product.»* [Blogue]. Obtido a 15 de Julho 2016, em https://www.forbes.com/sites/marketshare/2012/03/05/if-youre-not-paying-for-it-you-become-the-product/#7b758b6a5d6e.
151. Cisco. (c2016). *VNI Complete Forecast.* [Relatório Cisco VNI sobre tráfego global de dados móveis] Obtido a 11 de Julho de 2016, em http://www.cisco.com/c/m/en_us/solutions/service-provider/vni-complete-forecast/infographic.html.
152. Leonhard, G. (2013, 27 de Junho). As próximas guerras de dados, a ascensão do terrorismo digital e a razão por que é preciso assumir uma posição — AGORA. [Blogue]. Obtido a 11 Julho de 2016, em https://www.futuristgerd.com/2013/06/27/the-coming-data-wars-the-threat-of-digital-totalitarism-and-why-internet-users-need-to-take-a-stand-now/.
153. Quote Investigator. (2011, 13 de Maio). *«Everything Should Be Made as Simple as Possible, But Not Simpler»* [Blogue]. Obtido a 11 de Julho de 2016, em https://quoteinvestigator.com/2011/05/13/einstein-simple/.
154. Conferência de Asilomar sobre ADN recombinante. (s.d.). Obtido a 3 de Agosto de 2016, em https://en.wikipedia.org/wiki/Asilomar_Conference_on_Recombinant_DNA.
155. Overbye, D. (2008). Pedir a um juiz para salvar o mundo e talvez um pouco mais. Obtido a 3 de Agosto de 2016, em https://www.nytimes.com/2008/03/29/science/29collider.html?_r=0.
156. Campus Compact. (c2015). *Declaração de Wingspread sobre as responsabilidade cívicas das universidades com investigação.* Obtido a 10 de Julho de 2016, em https://compact.org/wingspread-declaration-on-the-civic-responsibilities-of-research-universities/.
157. Programa das Nações Unidas para o meio ambiente. (c2003). *Declaração do Rio sobre Ambiente e Desenvolvimento.* Obtido a 10 de Julho de 2016, em http://www.unep.org/documents.multilingual/default.asp?

REFERÊNCIAS

documentid=78.
158. *Princípio Proaccionário.* (2016). Wikipédia. Obtido a 10 de Julho de 2016, em https://en.wikipedia.org/wiki/Proactionary_principle.
159. Fuller, S. (2013). *O imperativo proaccionário — Universidade de Warwick.* Obtido a 10 de Julho de 2016, em https://www.youtube.com/watch?v=A6J8y6K178c.
160. Barrat, J. (2013). *Our Final Invention: Artificial Intel–ligence and the End of the Human Era.* New York: Thomas Dunne Books/St Martin's Press.
161. More, M. (2005). *O princípio proaccionário.* Obtido a 10 de Julho de 2016, em http://www.maxmore.com/proactionary.html.
162. *Felicidade.* (2016). Wikipédia. Obtido a 3 de Julho de 2016, em https://en.wikipedia.org/wiki/Happiness.
163. *Eudaimonia.* (2016). Wikipédia. Obtido a 3 de Julho de 2016, em https://en.wikipedia.org/wiki/Eudaimonia.
164. *Felicidade Nacional Bruta.* (2016). Wikipédia. Obtido a 3 de Julho de 2016, em https://en.wikipedia.org/wiki/Gross_National_Happiness.
165. *Indicador de Progresso Genuíno.* (2016). Wikipédia. Obtido a 3 de Julho de 2016, em https://en.wikipedia.org/wiki/Genuine_progress_indicator.
166. JFKLibrary.org. (1968). *Discurso de Robert F. Kennedy — Comentários na Universidade do Kansas, 18 de Março de 1968.* Obtido a 3 de Julho de 2016, em https://www.jfklibrary.org/Research/Research-Aids/Ready-Reference/RFK-Speeches/Remarks-of-Robert-F-Kennedy-at-the-University-of-Kansas-March-18-1968.aspx.
167. Seligman, M. (2012). *Flourish*: Atria Books.
168. Seligman, M. (2012). *Flourish*: Atria Books.
169. Lama, D. (2016). *An Appeal by the Dalai Lama to the World: Ethics Are More Important Than Religion:* Benevento.
170. Barrat, J. (2013). *Our Final Invention: Artificial Intelligence and the End of the Human Era.* New York: Thomas Dunne Books/St Martin's Press.
171. Weissmann, J. (2015, 14 Abril). Este estudo sobre a felicidade convenceu um Director Executivo a pagar pelo menos 60 000 euros por ano a todos os seus funcionários. [Blogue]. Obtido a 15 de Julho de 2016, em http://www.slate.com/blogs/moneybox/2015/04/14/money_and_happiness_when_does_an_extra_dollar_stop_making_us_more_content.html?via=gdpr-consent.
172. Hamblin, J. (2014, 7 de Outubro). Compre experiências, não coisas. [Blogue]. Obtido a 15 de Julho de 2016, em http://www.theatlantic.com/business/archive/2014/10/buy-experiences/381132.
173. Leu, J. (2015, 24 Abril). Bastaria uma palavra para haver saúde e felicidade. [Blogue]. Obtido a 3 de Julho de 2016, em https://www.huffingtonpost.com/%20hopelab/one-word-holds-the-key-to_b_7070638.html.
174. *J. Robert Oppenheimer.* (2016). Wikipédia. Obtido a 3 de Julho de 2016, em https://en.wikipedia.org/wiki/J._Robert_Oppenheimer.
175. Diamandis, P. (2015, June 21). Extracção de dados do seu corpo. Obtido a

3 de Junho de 2016, em https://www.linkedin.com/pulse/data-mining-your-body-peter-diamandis.
176. Kurzweil, R. (c2016). *Citação de Ray Kurzweil: «A morte é uma grande tragédia... uma profunda perda...eu não...»* Obtido a 3 de Julho de 2016, em https://www.goodreads.com/quotes/410498-death-is-a-great-tragedy-a-profound-loss-i-don-t-accept-it-i.
177. Paz, O. (1973). *Alternating Current:* Arcade Publishing.
178. Rushkoff, D. (2011). *Program or Be Programmed: Ten Commands for a Digital Age:* Soft Skull Press.
179. Piore, A. (2015, 17 de Setembro). O que a tecnologia não pode mudar na felicidade. [Blogue]. Obtido a 3 de Julho de 2016, em http://nautil.us/issue/28/2050/%20what-technology-cant-change-about-happiness.
180. Frankl, V. (1964). *Man's Search for Meaning:* Better Yourself Books [*O Homem em Busca de Um Sentido,* Lisboa, Lua de Papel, 2012].
181. Dashevsky, E. (2015, 6 de Fevereiro). O nosso emocionante, estranho e assustador futuro: perguntas e respostas com Peter Diamandis. [Blogue]. Obtido a 3 de Julho de 2016, em https://www.pcmag.com/article2/0,2817,2476315,00.asp.
182. Maxmen, A. (2015, de Agosto). A edição fácil do ADN refará o mundo apertar o cinto. [Blogue]. Obtido a 3 Julho de 2016, em https://www.wired.com/2015/07/crispr-dna-editing-2/.
183. Parsons, J. (2016, 6 de Janeiro). Robôs sexuais podem ser a «maior tendência de 2016» à medida que os solitários seres humanos procuram companheiros mecânicos. [Blogue]. Obtido a 3 Julho de 2016, em https://www.mirror.co.uk/news/world-news/sex-robots-could-biggest-trend-7127554.
184. Knapton, S. (2014, 29 de Maio). Ver pornografia causa danos no cérebro dos homens. [Blogue]. Obtido a 15 Julho de 2016, em https://www.telegraph.co.uk/science/2016/03/14/watching-pornography-damages-mens-brains/.
185. AMC Network Entertainment. (2016). *HUMANS.* Obtido a 29 de Junho, 2016, em https://www.amc.com/shows/humans.
186. Depois da Lei de Moore| *Technology Quarterly.* (2016). Obtido a 3 de Agosto de 2016, em https://www.economist.com/technology-quarterly/2016-03-12/after-moores-law.
187. Dictionary.com. (c2016). *Ethos.* Obtido a 13 de Julho de 2016, em http://www.dictionary.com/browse/ethos.
188. Brien, S. (c2016). *Computadores, internet e o abdicar da consciência — uma entrevista com Stephen Talbott.* Obtido a 13 de Julho de 2016, em http://natureinstitute.org/txt/st/jung.htm.
189. *Ética.* (2016). Wikipédia. Obtido a 13 de Julho de 2016, em https://en.wikipedia.org/wiki/Ethics.
190. *A ética das máquinas.* (2016). Wikipédia. Obtido a 13 de Julho de 2016, em https://en.wikipedia.org/wiki/Machine_ethics.
191. CB Insights. (2016, 20 de Junho). A Inteligência Artificial explode: novo

recorde de registo de novos negócios para empresas em fase de arranque de IA. [Blogue]. Obtido a 15 Julho de 2016, em https://www.cbinsights.com/blog/artificial-intelligence-funding-trends.
192. Metz, C. (2016, 27 de Janeiro). Num grande avanço de IA, o sistema Google vence secretamente jogador de topo do jogo ancestral Go. [Blogue]. Obtido a 10 Julho de 2016, em https://www.wired.com/2016/01/in-a-huge-breakthrough-googles-ai-beats-a-top-player-at-the-game-of-go/.
193. Waldrop, M. (1987, Primavera). Uma questão de responsabilidade. [Blogue]. Obtido a 13 Julho de 2016, em https://www.aaai.org/ojs/index.php/aimagazine/article/view/572.
194. Dvorsky, G. (2013, 07 de Fevereiro). Dalai Lama diz que precisamos de um «sistema global de ética laica». [Blogue]. Obtido a 13 Julho de 2016, em https://io9.gizmodo.com/5982499/dalai-lama-says-we-need-a-global-system-of-secular-ethics.
195. Cherry, M. (1999). *Deus, Ciência e Ilusão: Uma Conversa com Arthur C. Clarke*. Obtido a 13 de Julho de 2016, em http://www.arthurcclarke.net/?interview=4.
196. *Relator Especial das Nações Unidas*. (2016). Wikipédia. Obtido a 13 de Julho de 2016, em https://en.wikipedia.org/wiki/United_Nations_special_rapporteur.
197. Markoff, J. (2015, Agosto). A condição transumana. [Blogue]. Obtido a 13 de Julho de 2016, em https://harpers.org/archive/2015/08/the-transhuman-condition/.
198. Burton-Hill, C. (2016, 16 de Fevereiro). O super-herói da Inteligência Artificial: poderá este génio controlá-la? [Blogue]. Obtido a 13 de Julho de 2016, em https://www.theguardian.com/technology/2016/feb/16/demis-hassabis-artificial-intelligence-deepmind-alphago.
199. Pietrangelo, A. (2015, 17 Novembro). As taxas de cesariana estão finalmente a começar a diminuir nos Estados Unidos. [Blogue]. Obtido a 13 de Julho de 2016, em https://www.healthline.com/health-news/ccsarcan-rates-are-finally-starting-to-drop-in-the-united-states-111715.
200. *O Exterminador Implacável: Genisys* [filme]. (2015). S. l.: Paramount Pictures.
201. Josefsson, D. (c1995). *Uma entrevista com William Gibson (de Dan Josefsson)*. Obtido a 3 de Julho de 2016, em http://josefsson.net/gibson.
202. Rushkoff, D. (c2016). *Douglas Rushkoff: Site oficial*. Obtido a 13 de Julho de 2016, em http://www.rushkoff.com.

www.ingramcontent.com/pod-product-compliance
Lightning Source LLC
Chambersburg PA
CBHW071529220526
45469CB00003B/698